【清太宗皇太極朝服像】

天聰十年(1636)四月起，皇太極即皇帝位，受「寬溫文聖皇帝」尊號，改元崇德元年，改定國號爲大清。

【清太宗皇太極吉服像】

皇太極是大清皇朝的開創人，他成功地將女眞與漢族的制度融合在一起，爲清朝入關後的統治者奠定了行政基礎。

【清太宗皇太極朝服像】

從這幅圖可推測皇太極中年以後的身體肥胖，應該是高血壓、腦心血管的毛病的患者，他的「無疾而終」，可能與腦心血管疾病突發有關。

【清太宗努爾哈齊吉服像】

皇太極的父親努爾哈齊自萬曆十一年〈一五八三〉爲父祖報仇起兵以後，經過三十多年的艱苦奮戰，不僅統一了建州女眞各部，也兼併了大部份海西與野人女眞部落，領有了廣大的遼東地區。

【多爾袞像】

多爾袞是皇太極的同父異母弟，是豪格的小叔。傳說努爾哈齊死時，曾有意讓多爾袞繼承汗位，由大哥代善攝政。後來代善因「懦弱」不敢與皇太極抗爭，多爾袞也就失掉了繼承的機會。

【莊妃朝服像】

博爾濟吉特．布木布泰，科爾沁蒙古族人。崇德元年封她爲永福宮莊妃，生一子取名福臨，即日後繼承大清皇位的順治。她長得秀美，聰明又知禮數，是皇太極妻妾中最著名的，也是關係到清朝早年存亡的關鍵人物。

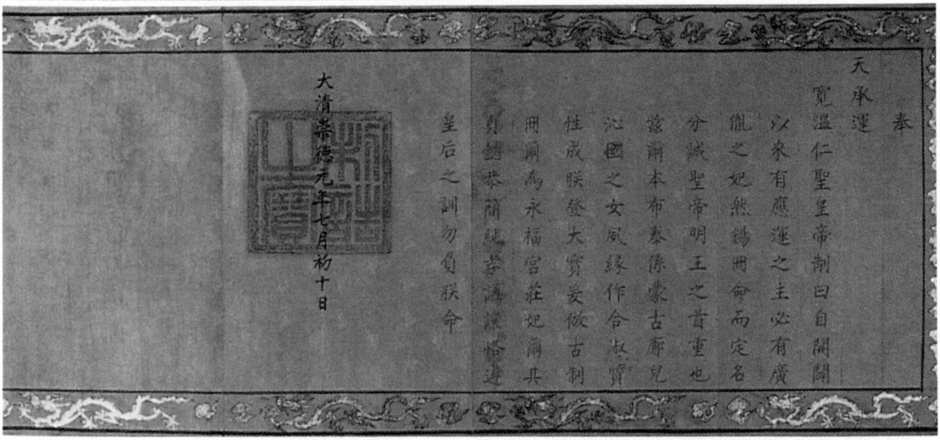

奉
天承運
寬溫仁聖皇帝制曰自開闢
以來有應運之主必有廣
胤之妃然錫冊命而定名
分誠聖帝明王之首重也
茲爾本布泰係蒙古廓兒
沁國之女夙緣作合淑質
性成朕登大寶爰倣古制
冊爾爲永福宮莊妃爾其
貞懿恭簡純孝謙讓恪遵
皇后之訓勿負朕命
大清崇德元年七月初十日

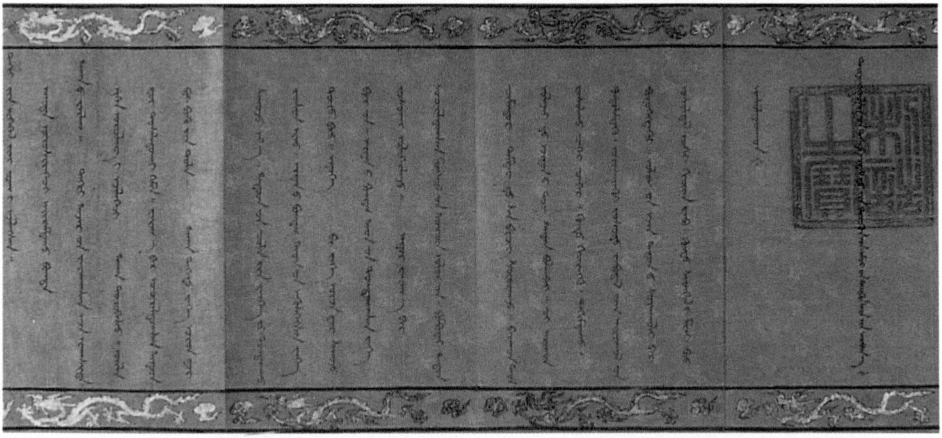

【冊封莊妃冊文】

冊文右部爲漢文(上)，中部爲蒙文(中)，右部爲滿文(下)。

【順治帝半身朝服像】

福臨為皇太極第九子，生母是莊妃布木布泰。崇德八年皇太極病逝，福臨繼位，改年號順治，後世稱為清世祖。他是清朝入關統治中原的第一任君主。

【袁崇煥像】

相傳皇太極的反間計運用成功，假崇禎皇帝之手殺了袁崇煥，明朝中央也無異是自毀了一座抗金的萬里長城。

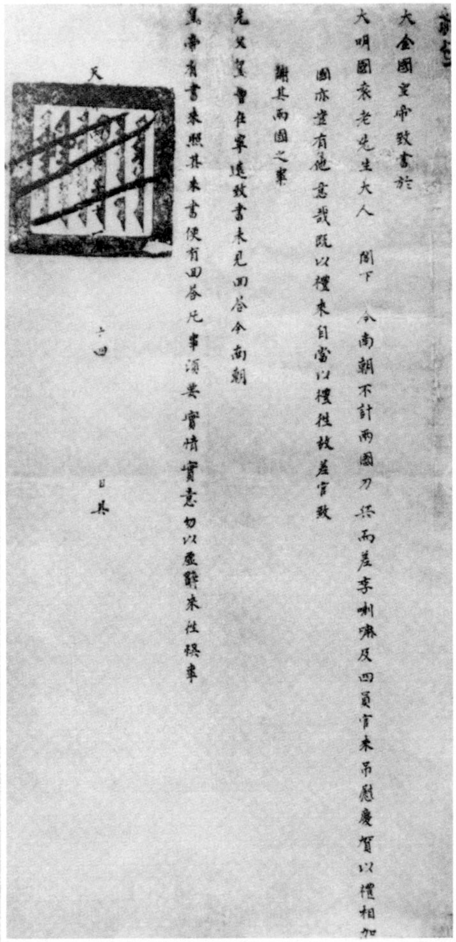

大金國皇帝致書於
大明國袁老先生大人 閣下 今南朝不計兩國刀兵而差李喇嘛及四員官來弔慰慶賀以禮相加
國亦豈有他意哉既以禮來自當以禮往故差官致
謝其兩國之事
先父皇曾往寧遠致書未見回答今南朝
皇帝有書來照其來書使有回答凡事須要實情實意勿以虛辭來往誤事

【清太宗皇太極致袁崇煥書】

天命十一年(1626年，明天啓六年)十一月十四日，皇太極致書袁崇煥，既然明朝遣使李喇嘛來示好，後金國亦要禮尚往來，凡事講誠意。

【洪承疇像】

崇德六年(1641年，明崇禎十四年)清軍圍困錦州，洪承疇被明朝任命爲遼薊總督，率兵援救。崇德六年(1642)被俘降清。

【范文程像】

皇太極對舊漢官也同樣優禮，范文程就是一個很好的例證。在努爾哈齊時代，范文程未受重用，皇太極繼承後金大汗後，范文程變成「召直左右」的大員了。

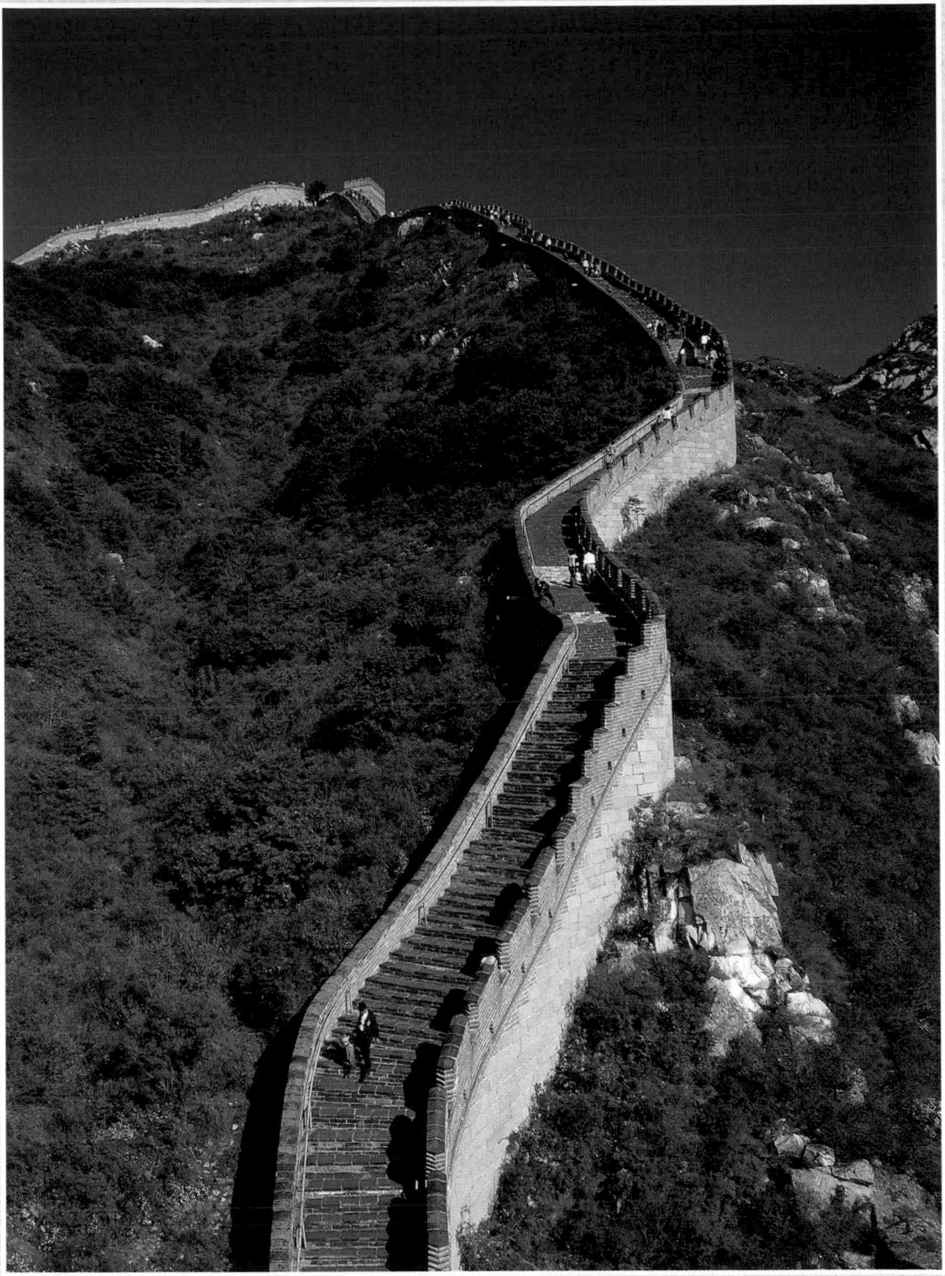

【長城】

天聰二年，後金將察哈爾蒙古勢力趕出西喇木倫河之後，有了轉機，他的想法也有了轉變。因爲後金兵可以不經山海關防線而取道蒙古，由其他長城的關口入關，可以說得到了攻打明朝內地的新通道、新路線。

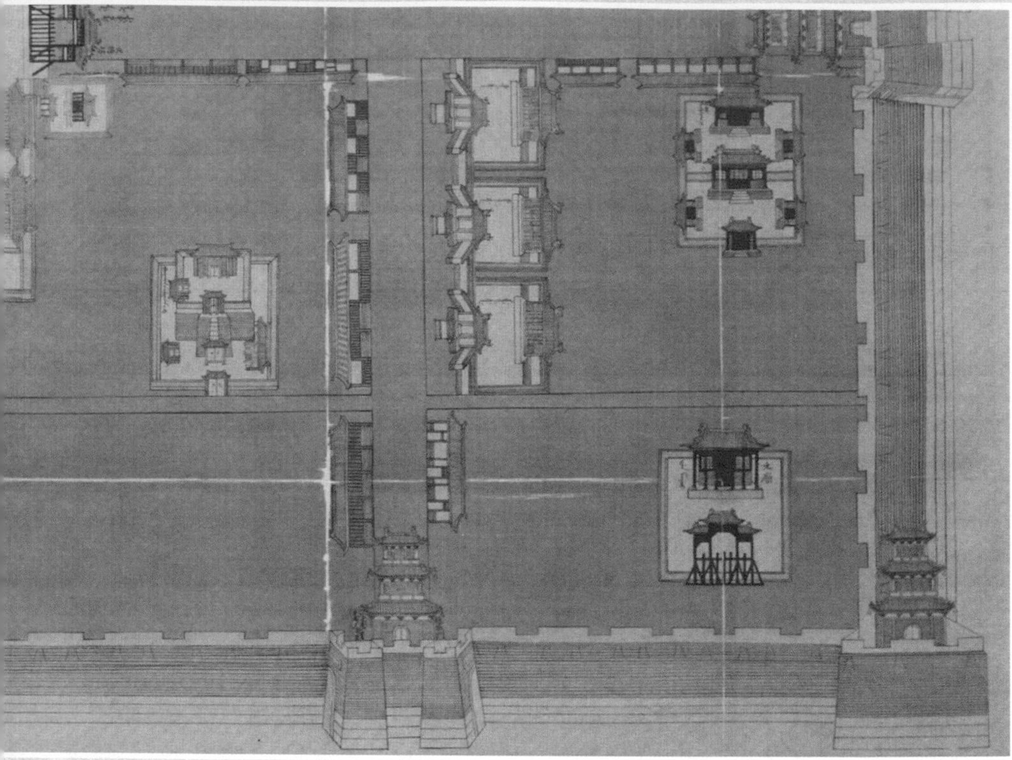

同處一屯漢人每被侵擾多致逃亡
上洞悉民隱務俾安輯乃按品級每備禦止給
壯丁八牛二以備使令其餘漢人分屯別居
編為民戶擇漢官之清正者轄之又凡有告
訐所告實則按律治罪誣者反坐又禁止諸
貝勒大臣屬下人等私至漢官家需索馬匹
鷹犬或勒買器用等物及恣意行遊違者罪
之由是漢人安堵咸頌樂土云○
上以經理國務與諸貝勒定議設八大臣正黃

旗以納穆泰鑲黃旗以額駙達爾哈正紅旗
以額駙和碩圖鑲紅旗以侍衛博爾晉鑲藍
旗以顧三台正藍旗以拖博輝鑲白旗以車
爾格正白旗以喀克篤禮為八固山額眞總
理一切事務凡議政處與諸貝勒偕坐共議
之出獵行師各領本旗兵行凡事皆聽稽察
又設十六大臣正黃旗以拜尹圖楞額禮鑲
黃旗以伊孫達朱戶正紅旗以布爾吉葉克
書鑲紅旗以吳善綽和諾鑲藍旗以舒賽康

喀賴正藍旗以屯布祿薩璧翰鑲白旗以吳
拜薩穆什喀正白旗以孟阿圖阿山為之佐
理國政審斷獄訟不令出兵駐防又設十六
大臣正黃旗以巴布泰霸奇蘭鑲黃旗以多
內楊善正紅旗以湯古代察哈喇鑲紅旗以
哈哈納葉臣鑲藍旗以孟坦顏孟格正藍旗
以昂阿喇色勒鑲白旗以圖爾格伊爾登正
白旗以康古禮阿達海為之出兵駐防以時
調遣所屬詞訟仍令審理○乙未蒙古科爾

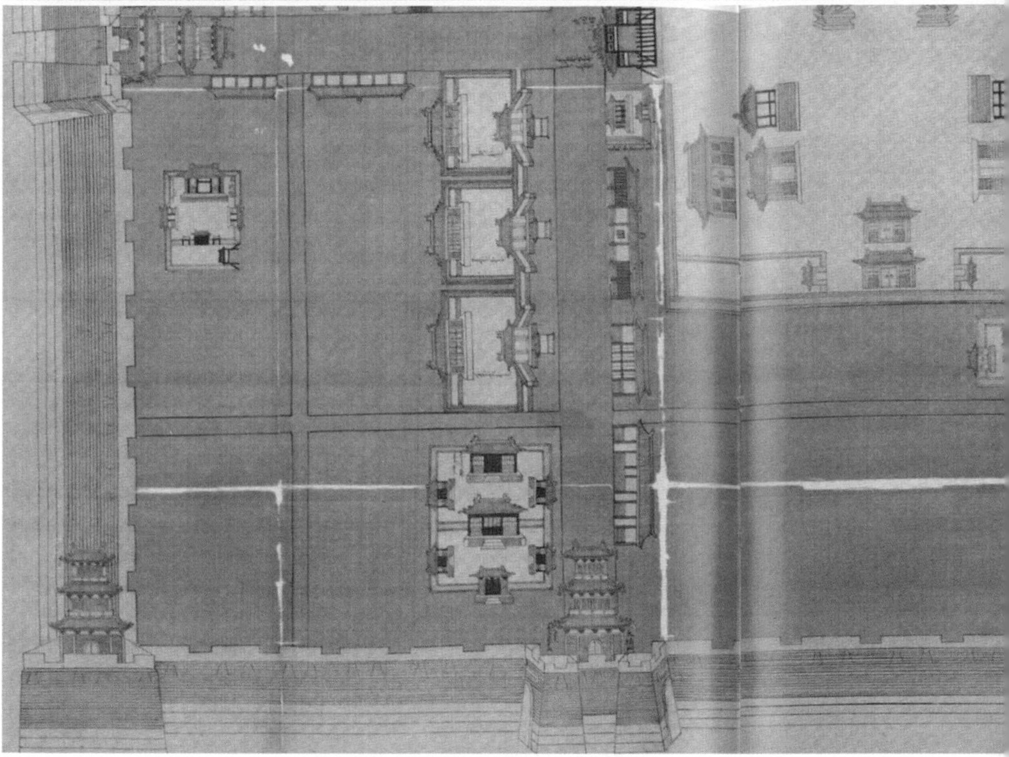

1

3 2

1.【盛京城闕圖・六部衙門】

在皇太極執政時期，最深度漢化的事是仿照明朝制度設立六部。此圖中標示六部衙門在皇宮大清門之南，御道東西兩側。

2.【清太宗文皇帝實錄・設八大臣上諭】

天命十一年(1626)，剛即位的皇太極開始改革政治體制，設立八大臣制以管理八旗的一切事務，並參與政議。

3.【「皇帝之寶」印文】

印文爲滿文篆體「皇帝之寶」，爲清代御寶「二十五寶」之一，此寶爲清太宗皇太極時期所製。

【皇清職貢圖卷・朝鮮人】

皇太極即位後不到半年即對朝鮮用兵，後金藉著此次戰爭的勝利，化解了內部的政治危機，衝破多年來明朝的經濟封鎖，並解除軍事上的後顧之憂，重振了八旗兵對明失敗的頹喪士氣。此圖繪出了清代一般朝鮮人及官員的形象。

【薩滿神案】

薩滿教是亞洲北部眾多民族的普遍宗教信仰，滿族及其祖先，多年來也信奉薩滿。

【昭陵圖】

皇太極葬地昭陵，本是無山無水的平地，經百年經營，規模大具，四周界址共兩千五百六十丈，是關外三陵中，建築最完善的清初帝王陵寢。

親切的、活潑的、趣味的、致用的

實用歷史叢書

遠流出版公司

國家圖書館出版品預行編目資料

皇太極寫真／陳捷先著. -- 初版. -- 臺北市；遠流，2004
〔民93〕
面；　公分. -- (實用歷史叢書；185)

ISBN 957-32-5271-6（平裝）

1. 清世宗 - 傳記

627.1　　　　93013235

實用歷史叢書⑱⑤
皇太極寫真

作　者──陳捷先
主　編──游奇惠
責任編輯──陳穗錚・傅郁萍
發行人──王榮文
出版發行──遠流出版事業股份有限公司
臺北市南昌路2段81號6樓
郵撥／0189456-1
電話／2392-6899　傳真／2392-6658
香港發行──遠流（香港）出版公司
香港北角英皇道310號雲華大廈4樓505室
電話／2508-9048　傳真／2503-3258
香港售價／港幣126元
法律顧問──王秀哲律師・董安丹律師
著作權顧問──蕭雄淋律師
2004年10月1日　初版一刷
行政院新聞局局版臺業字第1295號
售價新台幣 280 元　（缺頁或破損的書，請寄回更換）

ISBN　957-32-5271-6

YLib 遠流博識網
http://www.ylib.com　　　E-mail:ylib@ylib.com

■實用歷史叢書□

185

皇太極寫真

陳捷先／著

《實用歷史叢書》

出版緣起

王榮文

・歷史就是大個案

《實用歷史叢書》的基本概念，就是想把人類歷史當做一個（或無數個）大個案來看待。

本來，「個案研究方法」的精神，正是因為相信「智慧不可歸納條陳」，所以要學習者親自接近事實，自行尋找「經驗的教訓」。

經驗到底是教訓還是限制？歷史究竟是啟蒙還是成見？——或者說，歷史經驗有什麼用？可不可用？——一直也就是聚訟紛紜的大疑問，但在我們的「個案」概念下，叢書名稱中的「歷史」，與蘭克（Ranke）名言「歷史學家除了描寫事實『一如其發生之情況』外，再無其他目標」中所指的史學研究活動，大抵是不相涉的。在這裡，我們更接近於把歷史當做人間社會情境體悟的材料，或者說，我們把歷史（或某一組歷史陳述）當做「媒介」。

・從過去了解現在

為什麼要這樣做？因為我們對一切歷史情境（milieu）感到好奇，我們想浸淫在某個時代的思考環境來體會另一個人的限制與突破，因而對現時世界有一種新的想像。

通過了解歷史人物的處境與方案，我們找到了另一種智力上的樂趣，也許化做通俗的例子我們可以問：「如果拿破崙擔任遠東百貨公司總經理，他會怎麼做？」或「如果諸葛亮主持自立報系，他會和兩大報紙持哪一種和與戰的關係？」

從過去了解現在，我們並不真正尋找「重複的歷史」，我們也不尋找絕對的或相對的情境近似性。「歷史個案」的概念，比較接近情境的演練，因為一個成熟的思考者預先暴露在眾多的「經驗」裡，自行發展出一組對應的策略，因而就有了「教育」的功能。

・從現在了解過去

就像費夫爾（L. Febvre）說的，歷史其實是根據活人的需要向死人索求答案，在歷史理解中，現在與過去一向是糾纏不清的。

在這一個圍城之日，史家陳寅恪在倉皇逃死之際，取一巾箱坊本《建炎以來繫年要錄》，抱持誦讀，讀到汴京圍困屈降諸卷，淪城之日，謠言與烽火同時流竄；陳氏取當日身歷目睹之事與史實印證，不覺汗流浹背，覺得生平讀史從無如此親切有味之快感。

觀察並分析我們「現在的景觀」，正是提供我們一種了解過去的視野。歷史做為一種智性活動，也在這裡得到新的可能和活力。

如果我們在新的現時經驗中，取得新的了解過去的基礎，像一位作家寫《商用廿五史》，用企業組織的經驗，重新理解每一個朝代「經營組織」（即朝廷）的任務、使命、環境與對策，竟然就呈現一個新的景觀，證明這條路另有強大的生命力。

我們刻意選擇了《實用歷史叢書》的路，正是因為我們感覺到它的潛力。我們知道，標新並不見得有力量，然而立異卻不見得沒收穫；刻意塑造一個「求異」之路，就是想移動認知的軸心，給我們自己一些異端的空間，因而使歷史閱讀活動增添了親切的、活潑的、趣味的、致用的「新歷史之旅」。

你是一個歷史的嗜讀者或思索者嗎？你是一位專業的或業餘的歷史家嗎？你願意給自己一個偏離正軌的樂趣嗎？請走入這個叢書開放的大門。

我讀《皇太極寫真》

閻崇年

我讀傳記類的書，先要看的有三點——一看傳主，是不是應該讀；二看內容，是不是值得讀；三看作者，是不是可以讀。陳捷先教授的《皇太極寫真》，我拜讀了書稿，很喜歡這本書，因為本書的傳主、內容、作者我都喜歡。所以，我把《皇太極寫真》這本書，推薦給讀者，同大家共享。

一

《皇太極寫真》書中的主人公是清太宗皇太極。古今中外，名人太多；哪有時間，逐個去讀。然而，有的歷史人物，卻是應當了解。皇太極就是讀者應當了解的一個重要歷史人物。皇太極是滿洲人，他的父親是清太祖努爾哈齊。努爾哈齊、皇太極父子開創的大清帝國：

第一，屹立世界東方：清朝佔據中國歷史舞臺二百九十六年，為自秦以降中國皇朝歷史的七分之一。在中國皇朝史上，享祚二百年以上大一統皇朝的，只有漢、唐、明、清。漢高祖劉邦、唐高祖李淵和明太祖朱元璋都是漢族人，只有努爾哈齊是滿族人。從世界歷史看，順治定都北京時，英、法、德、義、俄尚未強大，美利堅尚未建國。努爾哈齊、皇太極奠定的大清帝國，屹立於世界的東方。

第二，奠定中華版圖：盛清時的疆界，東臨大海，南極曾母暗沙，西達葱嶺，西北至巴爾喀什湖，北跨外興安嶺，東北至庫頁島，疆土約一千三百萬平方公里。盛世清朝是當時世界上一個疆域最為遼闊、國力最為強盛、人口最為眾多、物產最為富庶、經濟最為發達、文化最為繁榮的大帝國。

第三，多民族的統一；清代民族關係是中國皇朝史上最好的時期。在北方，中國自秦以降，匈奴等一直是中央王朝的北部邊患。明代蒙古問題始終未獲解決。清朝對蒙古的綏服，「撫馭賓貢，敻越漢唐。」後來康熙帝說：「昔秦興土石之工，修築長城。我朝施恩於喀爾喀，使之防備朔方，較長城更為堅固。」在西北，南北疆維族等統一。在西南，《欽定西藏章程》規定設駐藏大臣、冊封達賴和班禪、設立金奔巴瓶制度，雲貴川實行改土歸流等，真正實現了多民族國家的統一。

第四，創製滿洲文字：時東北亞通古斯語族諸民族均無文字，滿文創製並記錄下東北亞地區文化人類學的珍貴資料。創製滿文是滿族發展史上的一塊里程碑，是中華文化史上，也是東北亞文明史上的一件大事。現存滿文圖書一千餘種，滿文檔案二百餘萬件，是人類重要的文化財富。滿文是滿漢、中西文化交流的重要橋樑。

第五，興建皇家園林：清興建暢春園、清漪園（頤和園）、圓明園、避暑山莊暨外八廟、木蘭圍場等。這些皇家園林，體現著清代園林文化的輝煌，是園林藝術史上的明珠。其中故宮、天壇、頤和園、避暑山莊、瀋陽故宮、清關外三陵及清東陵、西陵等，已經成為世界文化遺產。

第六，編纂文化典籍：編修《古今圖書集成》、《四庫全書》、《大清皇帝實錄》、《滿文大藏經》、《律曆淵源》、《舊滿洲檔》、《皇輿全覽圖》、《乾隆京城全圖》、《御製五體清文鑑》等，展現多民族文化的碩果。

第七，英傑人物輩出：在中華歷史人物星漢中，清代是皇朝史上各民族貢獻政治家、軍事家、文學家、藝術家、語言學家和科學家最多的一個歷史時期。

第八，中國人口激增：道光時人口突破四億，成為世界第一人口大國。其正面影響是：說明這個歷史時期社會比較安定，經濟有所發展，總體國力增強；其負面影響是：政府獎勵墾荒，破壞生態平衡，加重生存壓力，引起社會動盪。

第九，開發三北地區：關外時期遷都盛京瀋陽，使瀋陽第一次成為都城，有利於瀋陽及遼河地區的開發。東北是清朝肇興之地，東北松花江、黑龍江地區得到廣泛開發。正北蒙古地區清代基本沒有大的戰爭，社會穩定，經濟發展。西北地區，統一在清政權之下，也加快了經濟文化的發展。

第十，保護文化遺產：多爾袞一反歷代大一統王朝對前朝宮殿焚、毀、拆、棄的做法，對故明燕京紫禁城宮闕加以保護、修繕和利用。縱觀中國歷史上大一統王朝——商、周、秦、漢、隋、唐、宋、元、明，清朝之前所有大一統王朝興國之君，宸居前朝宮殿，史冊蓋無一例。經過清代保護與增益的今故宮博物院，成為中華歷史文化的象徵。

由上，就中國歷史和世界歷史的橫向比較來說，清朝有著十大貢獻，這是中華各民族共同創造的。皇太極參與主持了清帝國大廈的奠基工程，因此他的德言、事功，很值得「寫真」。

二

《皇太極寫真》一書的內容特點，主要是：寫真、鮮活、有據、學術。

一說寫真。歷史著作，貴在實錄。太史公作《史記》，班固評論道：「然自劉向、揚雄，博極群書，皆稱遷有良史之才，服其善序事理，辯而不華，質而不俚，其文直，其事核，不虛美，不隱惡，故謂之實錄。」今觀《皇太極寫真》一書，將皇太極一生，從生到死，鉅細兼採，按事分類，凡五十目，以時為經，以事為緯，分別敘述，互相聯繫。每條既覺得熟悉，又感到新鮮。這五十篇，反映清太宗天聰、崇德兩個時期的歷史，就像電視連續劇的五十集，環環相扣，不忍割愛，總想一口氣讀完。

二說鮮活。歷史是過去的人和事，時過境遷，隔膜陌生，人們讀來總感枯燥。但《皇太極寫真》不同，它把歷史人物、歷史事件寫得鮮活。這是極不容易的事情。如《皇太極的眼淚》，詳盡地、系統地引述清史有關皇太極「眼淚」的記載，排比史料，娓娓道來，簡直把一個歷史人物寫活了。陳先生早年有《滿洲叢考》，舉凡滿洲名號、愛新覺羅姓氏、汗位繼嗣、婚姻習俗等，都做出了開創性的研究。只有根深，才能葉茂；研究透了，自然寫活。

三說有據。前段時期，有關清朝的電視劇，鋪天蓋地，戲說成風。弄得觀眾，真偽難辨。譬如《康熙微服私訪記》，說得有形有色，以虛當實。許多觀眾信以為真。從《清聖祖實錄》、《康熙起居註冊》、《康熙朝朱批奏摺》、《康熙御製詩文集》來看，康熙帝根本沒有過微服私訪，他沒有可能、也沒有必要微服私訪。關於皇太極的電視劇也很多，特別是莊妃，把她娘家的陪嫁小婢女蘇麻喇姑，編繹成同孝莊的孫子康熙皇帝談情說愛，豈不是貽笑天下？《皇太極寫真》讀過之後，能幫助讀者知道真實的歷史，驅散影視劇戲說的迷霧。

四說學術。《皇太極寫真》既是清史讀物，又是學術著作。它將學術性與可讀性結合，深入淺出、雅俗共賞。以首篇〈先談本書主人翁的名字〉為例，先生運用滿文、蒙古文、朝鮮文、漢文的史料、檔案、文獻的記載，左右採獲，錯綜詮釋，是一篇有價值的學術論文，卻又削繁為簡，精緻典雅，是大家的手筆。本書是先生多年研究皇太極的學術成果的結晶。

三

《皇太極寫真》的作者，是著名的清史學家、滿學家。陳教授從一九六〇年《滿洲叢考》問世以來，就引起海內外清史學界的注目。他的《清史雜筆》八輯、《滿文清實錄研究》、《滿文清本紀研究》、《清史論文集》等，引起清史界、滿學界的重視。近年以來，學術著作，不斷付梓，可謂著作等身矣！《滿學研究》闢設專欄，介紹國際上著名的滿學專家，在創刊號上率先推出的，日本國有神田信夫教授，臺灣地區則有陳捷先教授。

我同先生心儀已久，直到一九九二年，先生主辦「海峽兩岸清史檔案研討會」，才得以在臺北見面。先生學問淵博，功底深厚，思維敏睿，熱忱洋溢，受到同行的尊敬。本書為大家寫「小書」，以小見大。如《孟古哲哲有沒有當過大福晉？》引經據典，詳細考證，是一篇考據的論文，卻又化玄為雅，讀起來有滋有味。書中對皇太極的生活、家庭、政爭、戰事，每能「小題大作」，如透過皇太極的「眼淚」、「占夢術」，以窺視其隱祕的心靈世界。

皇太極畢竟是一個軍事家，他成年後主要是在戰場上度過的。書中十二個題目寫的是軍事。

但皇太極也是人，也要過普通人的生活。作者寫了他的家庭生活、婚姻戀情，他的父母兄弟、妻妾子女。

作者於文化與宗教以特別關注，〈皇太極成就的文化工程〉、〈新滿文與老滿文〉、〈皇太極時代滿文史料的價值〉、〈皇太極與喇嘛教〉、〈皇太極與蒙藏喇嘛〉、〈皇太極與薩滿教〉，看了這些篇章，就會對康熙、乾隆崇文重教的懸疑，尋到根源，冰釋而解。

「歷史是鏡子，歷史也是藝術。」陳捷先教授的《皇太極寫真》是一部清朝開國史的百科全書，也是一部清史的學術藝術之作。不論是學界同行，還是廣大讀者，都值得一讀，以豐富文化知識，開闊心胸格局，得到藝術享受，汲取學術營養。

〔推薦人簡介〕閻崇年，男，一九三四年生，山東蓬萊人。北京師範大學歷史系畢業。任北京社會科學院研究員、北京滿學會會長。研究滿學、清史，倡議並創建第一個專業滿學研究機構——北京社會科學院滿學研究所並任所長。主要著作：論文集有《滿學論集》、《袁崇煥研究論集》、《燕史集》和《燕步集》共四部；專著有《努爾哈赤傳》、《天命汗》、《清朝皇帝列傳》、《清朝通史・太祖》、《清朝通史・太宗朝》等十六部；主編《20世紀世界滿學著作提要》、《滿學研究》（一至七輯）、《袁崇煥學術論文集》、《戚繼光研究論集》等；以及發表研究論文若干篇。

〈前言〉
傑出帝王皇太極

清朝是帝制中國最後的一個朝代，也是中國由舊變新的轉捩時期，中國由主權完整到淪為半殖民地，由帝國到民國的一番轉折，也都是在這個朝代裡發生的。

清朝是中國少數民族中的滿族所建立的統治王朝，但也是最後的、最成功的一個朝代。

清朝統治時間從入關之後算起共有兩百六十八年，在此期間，對中國疆土的擴大、民族的融合、貢獻都非常的多，對中華文化的整理、保存與弘揚，也作出過不可磨滅的功績。

清朝不僅是滿族崛起、興盛、衰亡的歷程，也是中國多民族的發展、創造、求生、圖存的歷程。中國各族人在這段苦難挫折中探索奮鬥，提出無數的理想計劃，討論過很多解決國家內外問題的主張，留給後世人極為豐富的珍貴遺產。

清朝確是一個有承先啟後作用以及重要歷史地位的朝代，而這個朝代的創造人就是本書要論述的主人翁——愛新覺羅．皇太極。

皇太極是清朝奠基人努爾哈齊的第八子，生於明萬曆二十年（一五九二）十月二十五日。天命十一年（一六二六）八月，努爾哈齊病逝，他繼位後金大汗。在位十年，於天聰十年（一六三六）四月，後金汗國改稱大清國，改天聰年號為崇德。該月十一日，皇太極即清朝第一任皇帝大位，中國歷史上的著名皇朝——清朝——於焉誕生了。

皇太極在天聰與崇德兩個年號下，當了十七年的國家領導人。他自小就隨父南征北討，彎弓躍馬於東北地區，為統一女真各族做出不少貢獻，繼承後金汗位之後，銳意改革，勵精圖治，實現了建立大清朝的理想。他是一位既勇敢又智慧的統治者，他能審時度勢，掌握時機，處理國家文武事務。尤其懷有寬廣心胸接納漢人，正確看待漢文化，他的成功絕不是偶然的。本書中將對他的一生事功與歷史地位分別加以敘述。

這本小書的問世，我要感謝內子侯友蘭與好友韋慶遠、馮爾康、王思治、閻崇年、倉修良、莊吉發、劉景輝、葉達雄諸教授的鼓勵，也要感謝游奇惠、陳穗錚、傅郁萍三位小姐與陳龍貴老弟在出版事務上的幫忙。

二〇〇四年六月二十九日

目錄

□結語：我評皇太極

皇太極寫真

謹以此書恭祝

陳祥大哥米壽

1 先談本書主人翁的名字

本書的主人翁是建立清朝的第一代皇帝，清朝官書中稱他的廟號為清太宗。他生於明神宗萬曆二十年（一五九二），死於清崇德八年（明思宗崇禎十六年，一六四三），享年五十二歲。在半個世紀的生命旅程中，他有將近三十年的戎馬生涯，在廣闊的北中國遼東地區，躍馬彎弓，從事與漢、蒙、朝鮮等族的戰鬥。由於戰爭的不斷勝利，他在父親努爾哈齊的基業上，建立了大清皇朝。

他的名字在當時就有很多不同的說法，如皇太極、弘他時、弘太始、洪太氏、黃臺吉、紅歹是、黑還勃烈，以及滿洲文的duici beile、hong taiji 等等。這些名字那一個是他的本名呢？所代表的意思又是什麼呢？

其實明朝人稱黃臺吉、朝鮮人所稱的弘他時、弘太始、洪太氏與紅歹是以及清代官書中所記的皇太極，都是滿洲文hong taiji的同音異譯字。在滿洲文的字彙中，taiji一字係借自蒙古語，可以說是外來語。據不少研究阿爾泰語的專家們說：蒙古語中的「臺吉」是出自漢語「太子」一詞，蒙古人音譯為「臺吉」，是歷史上蒙古貴族的一種稱號，或者可以說是一種爵位。成吉思汗時專用於皇子，後來逐漸成為成吉思汗後裔的通稱，以示地位尊貴。努爾哈齊在明朝末年崛起時，部族中有多人以「臺吉」為稱的，有的是他弟弟，有的是他兒子，可見當時只是一種尊貴的爵位稱號，不是「太子」的意思。早年努爾哈齊自己稱「貝勒」時，他的幼弟巴牙喇與兒子褚英都稱「臺吉」，表示他們的地位比努爾哈齊低。後來家族人丁旺了，第七子阿巴泰曾授臺吉，長孫杜度（褚英長子）也授以臺吉，顯然也是表示貴冑成員地位的。更後，在清朝對外藩蒙古、回部的統治政策中，臺吉正式成為封爵之一。如蒙古內扎薩克之爵位，從親王至輔國公分為六等，「不入於六者，曰臺吉」。外扎薩克封爵，「無塔布囊，而有臺吉」。回部封爵，則「有王、貝勒、貝子、公、臺吉，皆延以世」。由此可知：終清之世，臺吉都沒有「太子」的意思。

至於hong這個滿洲字，有人說「蒙古族把皇帝的繼承人叫黃臺吉，在臺吉前面加個顏色名，是他們的習慣」。「黃」為正色，是皇家專用的，這可能是漢人的想法。倒是日本學者曾經給hong taiji解釋為「天鵝臺吉」，我個人以為這可能比較合乎早年滿洲習俗的一種解釋。因為滿洲部族中當時流行尊號與美稱，像「臺吉」就是尊號，它表示天生貴族地位的。「巴圖魯」(baturu)

是美稱，讚美一個人英勇。這些尊號與美稱都有通稱與專稱的不同，例如努爾哈齊在滿文書檔中稱過sure beile（淑勒貝勒），滿文「淑勒」作「聰睿」解，「貝勒」是一部首長的尊號。努爾哈齊貴為一部首長，而功績很多，所以在「貝勒」之前再加上「聰睿」的形容字，以顯示他的地位崇高，這就是專稱的尊號。努爾哈齊的弟弟舒爾哈齊也是「貝勒」，但是他的功績不高，滿文書檔中只記他為「舒爾哈齊貝勒」（šurgaci beile），這就是通稱的貝勒了。同樣的，有人在當時稱「額亦都巴圖魯」，額亦都是人名，所以這樣的「勇士」稱號是一般的通稱。但也有人被努爾哈齊賜以「碩翁科羅．巴圖魯」（songkoro baturu）的，「碩翁科羅」意為「海冬青」，是遼東地區的一種名鵰，皮毛極珍貴，可製名裘。這位以「碩翁科羅．巴圖魯」為稱的人就是美號中的專稱了。稱「臺吉」的人也是一樣，尊號之前加人名的，如阿敏（舒爾哈齊之子）臺吉，就是通稱；而黃臺吉或皇太極是「臺吉」尊號前加「天鵝」珍禽來形容，當然就是專稱的臺吉了。

在早年的滿文檔案裡，清太宗皇太極也有被稱為duici beile的，duici意為「第四」，也就是稱他為「第四貝勒」或「四貝勒」的。皇太極雖是努爾哈齊的第八子，但是後來有些兄弟死去了，而在努爾哈齊建立後金汗國之後，他是四大貝勒中的第四位，所以檔案中記述與他有關的事件時，常稱他為「第四貝勒」，這與他的本名有關。又「黑還勃烈」一名也在朝鮮人的報告中曾經出現過，「勃烈」自宋朝以來大家都知道是「貝勒」的音轉，黑還二字音義不明，我想可能是滿語「

和碩」的音轉（努爾哈齊晚年任命皇太極等四子侄為四大和碩貝勒）。

最有趣的是上個世紀出版的《清代名人傳略》（*Eminent Chinese of the Ch'ing Period*）一書中確認清太宗皇太極的本名叫Abahai。主編這本書的恆慕義（A. Hummel）先生未說明他究竟根據何書或是什麼資料而作此定論的。我自己在一九六五年有機會在美國紐約請教了當年編這部書出力最多的房兆楹先生，房先生只說以前在北京看過一份檔案，作了如此結論，但確實書檔名稱他也忘了。當時大陸史料還未開放，現在房先生也歸道山多年了，這個Abahai的名字只有待後人考究了（多爾袞的母親叫阿巴亥Abahai，可見這是一個女人名字，男女是否在當時可以通用此名，也是問題，值得參考）。

清朝官方編纂的《大清太宗文皇帝實錄》裡稱這位建造清朝的皇帝為「皇太極」，顯然這是他「法定」的名字了。該書中還說：

> 我國向不解書籍文義，太祖初未嘗有必成帝業之心，亦未嘗定建儲繼位之議，後國運漸盛，講習文義，及太祖稱帝，閱漢文及蒙古文書籍，乃知漢儲君曰「皇太子」，蒙古之繼承者曰「皇臺吉」。由是以觀，其命名之暗合，蓋天意已預定也。

這是滿蒙漢三族通文墨的學者們在編史書時的附會說法，認為漢人稱儲君為皇太子，蒙古人稱繼位者為黃臺吉，正好與皇太極三字音同，皇太極後來登上汗位，是上天預先安排好的。這樣富有神話色彩的文字遊戲，也正好掩飾了皇太極繼位的鬥爭史實。

2 皇太極的家世

根據清朝官方書檔的記載，皇太極家的第一代始祖是愛新覺羅．布庫里雍順，他是天女所生的。這是神話，我們當然不能相信。若從可信的史料上去追究，愛新覺羅這個家族，在明末以前的二百年間，是明朝所設置的建州衛及建州左衛下的一個成員，這在明朝與朝鮮當時史書與一些私人記述裡都可以看得出來的。到明末世宗嘉靖以後，皇太極的祖先有了更清楚而確實的記載。他的曾祖父覺昌安（又稱叫場）、祖父塔克世（又稱他失）已經是建州部的小領袖，並且也得到明朝遼東地方官員的承認，賜給他們敕書、印信等物。明萬曆十一年（一五八三），明朝遼東總兵官李成梁，率領了大軍，從撫順關東出，攻打古勒城的寨主阿臺。阿臺與他死去的父親王杲經常擾亂邊地，李成梁雖打敗了王杲並將他「檻車至闕下，磔於市」，但是阿臺仍然不斷「犯邊」，這次李成梁是為「以絕禍本」而來征阿臺的。不過，阿臺所住的古勒寨城「三面壁立，壕塹甚固」，李成梁一時無法攻下，而覺昌安與塔克世是李成梁的「嚮導」，他們冒險入城，可能是想說服阿臺投降，沒有想到在城陷後亂軍中被「誤殺」了。明朝為了彌補、撫卹覺昌安的家人，於是就讓塔克世的長子努爾哈齊繼承了他父祖的地位，賜給他「敕書三十道，馬三十匹，復給都督敕書」，封他為指揮使。

努爾哈齊當時二十五歲，他於明嘉靖三十八年（一五五九）生於建州左衛蘇克素滸河部的一個沒落小部首領的家庭。努爾哈齊的父親塔克世有妻妾三人，正妻喜塔拉氏名額穆齊，生三子一女，努爾哈齊居長，其餘兩個胞弟為舒爾哈齊與雅爾哈齊。塔克世的兩個妾分別是納喇氏名肯姐和另一位不詳人名的李佳氏，她們也為塔克世各生一子，分別為巴雅喇與穆爾哈齊，這些人都是皇太極的叔叔一輩。

努爾哈齊十歲喪母，繼母納喇氏為人刻薄，對他寡恩缺少母愛。不過，青少年時代的努爾哈齊經常走入林海，挖人參、採松子、拾蘑菇、撿榛子，趕赴撫順市場貿易，賺錢來貼補父親大家庭的家用。可是繼母仍然嫉妒他，當他十九歲時便離家獨立生活了。

努爾哈齊獨立門戶時已經結了婚，娶了髮妻佟佳氏，這位名為哈哈納扎青的佟佳氏在第二年（萬曆六年，一五七八）就為努爾哈齊生下長女東果格格。兩年後（萬曆八年）又生長子褚英。萬曆十一年古勒山戰事後不久，佟佳氏再為努爾哈齊生了第二子代善。

當塔克世等被「誤殺」之後，明朝依照漢人習俗，讓他的「嗣人」努爾哈齊承襲了官銜職位。當時努爾哈齊認定他的父祖之死是與圖倫城主尼堪外蘭的唆使有關，因此在明朝的默許下，同年他發動了復仇的戰爭。他的憑藉不多，部眾只有百餘人，「遺甲十三副」。不過他的戰鬥精神旺盛，先打敗尼堪外蘭，攻下了圖倫城。尼堪外蘭雖然僅以身免，但努爾哈齊卻在自己的蘇克素滸河部中變成了嶄露頭角的英雄人物。這一年他又用計騙得薩爾滸城主諾米納的盔甲、器械，並殺死了諾米納，取得了薩爾滸城。

萬曆十二年，正當努爾哈齊準備進一步擴大地盤，征討鄰部，並追殺尼堪外蘭時，他的家族戚友中有人要加害於他了，使他處於危險的逆境中。幸好他善機變，處事深沉，安全度過了兩次被人暗殺的危機。同年九月他得知鄰部董鄂部內「自相擾亂」，於是他領兵五百人去攻打齊吉答城，可是遇到天候不良，早降大雪，他只好「還師」。他在返回的途中，又曾試攻翁科洛城，結果出師不利，自己又受了箭傷，只好撤兵。不久後，努爾哈齊再攻翁科洛城，城陷後，城主被擒，努爾哈齊不但沒有處決他，反而授為部下軍官，表現了他不計私怨，寬宏大度的襟懷。

在其後的幾年當中，除了在萬曆十四年斬殺了尼堪外蘭，報了父祖的不共戴天之仇外，努爾哈齊又攻破了建州部中的董鄂、界凡、哲陳、渾河、兆佳等地，「驍騎已盈數千」，而且在費阿拉地方建造三層樓的「宮殿」，他「自中稱王」了。

隨著努爾哈齊的勢力日強，地位日高，不少女真部落都與他以聯姻來建立關係。在當時遼東女真中，幾乎是執牛耳地位的葉赫部首長納林布祿，也把妹妹送來給努爾哈齊為妾了。這位名叫孟古哲哲的葉赫納喇氏，就是本書主人翁皇太極的生母，後來被尊為孝慈高皇后的清朝前史中的名人，她與努爾哈齊成婚的時間是萬曆十六年（一五八八）。

在孟古哲哲嫁到建州部之前，努爾哈齊顯然已經又娶了幾位小妾，因為萬曆十三年兆佳氏為他生下了第三子阿拜。同年鈕祜祿氏也生了第四子湯古代。萬曆十五年，努爾哈齊又多了一子一女，即第五子莽古爾泰與第二女嫩哲格格，他們的生母分別是富察氏與伊爾根覺羅氏。孟古哲哲嫁來後的第二年，鈕祜祿氏又為努爾哈齊生下第六子塔拜。第七子阿巴泰也在同年降臨人間，生母是伊爾根覺羅氏。皇太極是努爾哈齊的第八子，生於萬曆二十年（一五九二）。當他加入努爾哈齊的大家庭時，他們家已是一個富有而又有權勢的奴隸主之家了。

3 皇太極的生母

滿洲人是女真族的餘裔，他們早年的婚姻習俗與漢人略有不同。他們行氏族外婚、同姓不婚制，因而在上層貴族之間，婚姻往往是一種政治行為，一種政治需要。權貴之家常藉新的婚姻來擴大自己的勢力與機會，使家族得到更多更大的利益。在明朝末年，女真諸部林立，互爭雄長之時，這種出於政治需要的婚姻就在部族首長間經常出現了，努爾哈齊與皇太極生母孟古哲哲的婚事就是其中顯著的一例。

孟古哲哲出身於女真葉赫部的首領之家，父親楊吉努與伯父清佳努同掌葉赫部。葉赫鄰部哈達，由於得到明朝的支持，一度成為遼東女真的總領袖，尤其哈達的部長王臺曾被明朝封為龍虎將軍，真可謂威風八面，盛極一時。清佳努兄弟也恭順的依附過他，並把胞妹嫁給了王臺，楊吉努又娶王臺女兒，親上加親，以加強政治上的聯合。後來王臺死了，清佳努兄弟便又脫離哈達的控制，甚至設法離間王臺的子孫，力圖取代哈達的地位。

在葉赫與哈達爭權的時候，楊吉努看上了建州部的新興領袖努爾哈齊，而努爾哈齊也在統一建州諸部鬥爭中需要外部的奧援，兩部聯婚水到渠成了。

努爾哈齊為實行遠交近攻策略，有一次訪問葉赫，楊吉努認為努爾哈齊是位「非常人」，便主動的向努爾哈齊說：「我有個小女兒，等她長大後，願嫁給你、侍奉你。」努爾哈齊本來就想聯絡葉赫的，聽了楊吉努的這番話非常高興，甚至忍不住的請求楊吉努把另外一位年長的女兒嫁給他。楊吉努向他解釋說：大女兒不適合，小女兒不但容貌嬌美，品德也高尚，比較合配，將來一定成為佳偶。努爾哈齊於是就同意了這門婚事，不久送上聘禮，定下了這門姻親。

萬曆十一年，總兵官李成梁消滅建州部阿臺的勢力之後，又集兵與葉赫部發生戰爭，並設計殺害了清佳努、楊吉努兩兄弟，葉赫部一時大亂，幸好清佳努的兒子布寨與楊吉努的兒子納林布祿很快的繼任了葉赫兩部的首領，安定了局面，但葉赫部的元氣大傷。

萬曆十一年以後，如前所述，努爾哈齊的建州部沒有受到明朝的軍事攻擊，反而在部族裡從事兼併的戰爭，他基本上削平了建州大部分的部落，統一建州的大業有了規模，葉赫部長納林布祿便在萬曆十六年（一五八八）親自送妹妹孟古哲哲來建州，與努爾哈齊舉行婚禮，努爾哈齊為了表示尊重，也是依循女真古禮，特地親率諸貝勒大臣，前往中途迎親，然後到他的「都城」費阿拉城裡舉行盛大宴會，以示慶賀。這一年新郎努爾哈齊三十整歲，而新娘孟古哲哲只有十四歲。

根據清代官書的說法，孟古哲哲似乎是一位完美的女性。她美麗、純良，講究禮貌、聰明伶俐，待人寬大厚道。有人逢迎她，不為此高興。聽到別人的誹謗話，她也不動怒，像平時一樣的和顏悅色。她從不接近奸佞小人，也不干預家門以外的事。她把全部精力花在侍奉努爾哈齊身上，也因此得到了努爾哈齊的歡心。當然，以上的讚美文字是她兒子皇太極當了皇帝以後由御用史官們寫下的，誇張吹捧自然不在話下，我們不能全信，姑妄聽之算了。不過在她嫁給努爾哈齊之後，有一些與她相關的可靠史事是我們應該了解的：

第一，她在萬曆二十年，也就是婚後第四年，為努爾哈齊生下一子，這位排行第八的皇太極，竟是日後建立大清朝的太宗文皇帝。

第二，她在努爾哈齊家裡有沒有享到福，我們不得而知。不過，她確是一位紅顏薄命的婦人，在她二十九歲的花樣年華時，竟病死歸天了。當時努爾哈齊尚未建國稱汗，她的獨生子皇太極還僅僅是個十二歲的稚童。

第三，在萬曆三十一年（一六〇三）秋天，當她身罹重病之時，很想在生前一見生身之母。努爾哈齊為了滿足她的要求，特派家丁為使臣到葉赫懇請，葉赫部當時與努爾哈齊的關係惡化，因而不顧親情，拒絕讓老夫人到建州與病危的女兒見面。孟古哲哲在這年九月間含恨離開了人間。努爾哈齊為此事大為惱怒，若干年後在消滅葉赫的戰爭中，下令大開殺戒，以為報復。

第四，孟古哲哲死後，努爾哈齊為她舉行隆重葬禮，據說以四個婢女為她殉葬，宰殺牛馬百頭致祭。他自己不飲酒、不吃葷，齋戒一個多月，把孟古哲哲的棺木停放於院內三年，然後再埋在新都城赫圖阿拉近郊的尼雅滿山上。努爾哈齊建國稱汗後，建造了新的皇家陵園於遼陽楊魯山，天命九年（一六二四）孟古哲哲的骸骨也隨著努爾哈齊其他先人一同遷葬。努爾哈齊死後，皇太極為他父親又造了一處大陵寢稱為福陵，座落在瀋陽石嘴山上。天聰三年（一六二九），皇太極再將生母的骸骨與父親努爾哈齊合葬。

第五，孟古哲哲生前有沒有被努爾哈齊指定為「大妃」或「大福晉」？一直是學界有爭論的問題。因為她的這個地位非常重要，如果她曾經當過大福晉，她的兒子就有當大汗繼承人的資格。如果沒有，那麼皇太極後來取得後金汗國繼任領導人大位就有「奪立」或為別人「讓國」的可能了。有關這件事將在下一節中作較為深入的探討。

4 孟古哲哲有沒有當過大福晉？

滿洲人的祖先在很早以前就有「父子相承，世為君長」的傳承制度，但是史書中又告訴我們阿爾泰語系的民族很重視妻子的貞操，也重視幼子，所以有「幼子繼承」的習俗。原來「幼子繼承」是指幼子繼承家長的財產，不一定是政治地位，而在一夫多妻、政治領導人兒子眾多的情況下，政治地位是有另一套制度，即以擔任過大福晉的人所生的兒子才有資格成為候選人的。蒙古人所行的「庫里爾臺」（宗親大會）選汗制就是一例。滿洲人在努爾哈齊時代後期規定了「八王共治」政策，國政由八旗領導人共治，大汗由八旗領導人共選，但候選人必須是大福晉所生。

皇太極的生母孟古哲哲在嫁給努爾哈齊到她死亡的十五年多的歲月中，有沒有當過大福晉呢？這個問題關係到皇太極後來繼承大汗地位的合法性，值得我們深入一探究竟。

清代官書如《實錄》等雖稱孟古哲哲為孝慈皇后，但這部《實錄》最早是在皇太極當大汗後下令修纂的，可信性大有問題。而且孟古哲哲嫁給努爾哈齊之前，富察氏似乎已是大福晉，孟古哲哲死前又不見富察氏被廢黜的記事，所以孟古哲哲生前應該沒有當過大福晉，因為同一個時期，同一個部族首領家中不可能有兩個大福晉同時存在的。因此不少學者以為皇太極是庶出，例如二十世紀三十年代美國出版的《清代名人傳略》中就說：「一六三六年皇太極成為名副其實的皇帝，他接受很多項漢族制度之後，追尊生前地位本是妾的生母為孝慈皇后。」這就是明指孟古哲哲沒有做過大福晉，不是正室嫡妻。

日本學者岡田英弘也利用滿漢文資料，寫過一篇有關清太宗皇太極繼承汗位的文章，在臺北故宮博物院《故宮文獻》上發表，他認為官書檔冊中都沒有明文談到孟古哲哲曾經當過大福晉的事，皇太極非嫡出可以想見。

不過，五年前中國天津南開大學杜家驥教授卻有不同看法，他在〈清太宗出身考〉的文章中認為：根據滿文本的《滿洲實錄》所記，努爾哈齊時代被稱為大福晉的共有四人，即一、「先娶之福晉」（滿文作neneme gaiha fujin）佟佳氏。二、「第二個娶來的寡婦福晉」（滿文作jai gaiha anggasi fujin）富察氏。三、「中宮大福晉」（dulimbai amba fujin）葉赫納喇氏孟古哲哲。四、「後來的大福晉」（amaga amba fujin）烏喇納喇氏阿巴亥。而同書中又說：「tere amba fujin urihe manggi⋯⋯ sirame amba fujin obuha bihe.」大意是：「在那個（中宮）大福晉死後，（努爾哈齊把阿巴亥）繼續立為大福晉。」由此可知：在中宮大福晉死後繼立阿巴亥為大福晉。在四位大福晉之中，富察氏顯然有被貶意，而皇太極生母則被褒為「中宮」。對時間、人物、事件緣由作出如此具體描述，孟古哲哲曾經當過大福晉應是可以相信的。

《滿文老檔》、《清太宗實錄》、《八旗通志》等書中又記載莽古爾泰幼年時生活艱苦，靠皇太極資助，足見他的生母富察氏早已失寵，不可能當大福晉。而努爾哈齊的孫子岳託「撫養宮中」由孟古哲哲照料其生活，可見孟古哲哲確曾與努爾哈齊同居正室，可作為當大福晉的旁證。

皇太極七歲時就被努爾哈齊器重，「委以一切家政」，如果他母親不受寵幸，焉能如此？孟古哲哲家世顯赫，容貌出眾，器量寬宏，聰慧柔順，她被升為大福晉應是順理成章之事。

杜教授又以天命九年四月努爾哈齊遷葬祖先骸骨於遼陽事作證，認為滿文記錄裡將努爾哈齊父祖等人的骸骨輿轎以紅幪覆蓋，而中宮大福晉孟古哲哲的骸骨輿轎則蓋以黃幪。「黃是高於紅的等級之色」，可見對孟古哲哲的尊重，她曾為中宮大福晉由此亦可證明。

另外，皇太極能為正白旗主，領正白全旗的牛彔屬人，也應該是「子以母貴」的結果。

杜教授非常客觀的說：「按《滿洲實錄》的滿文部份也是皇太極在位時修成的文字，其稱孟古哲哲為中宮大福晉是否史實，仍難斷定。」同時他又強調皇太極的繼位，「也不存在以庶出而奪嫡的問題，因為努爾哈齊生前從未立嫡子多爾袞為儲」。總之，杜教授的論文實在有新創見，提出了很重要的新解釋，值得清史學者注意。

不過，仍有人心存一些疑問，現在寫在下面，供讀者參考：

第一，《滿洲實錄》中記：中宮大福晉孟古哲哲死後，烏喇納喇氏阿巴亥繼續出任大福晉。按孟古哲哲死於萬曆三十一年，享年二十九歲。阿巴亥則生於萬曆十八年，孟古哲哲死時她才十四歲。十四歲的小女孩能否當大福晉的重任顯然有問題。阿巴亥雖出自大家，是烏拉部布占泰貝勒的侄女，但努爾哈齊與布占泰之間關係極為不好，兩家婚姻關係全是政治的需要，雙方結親是一回事，家族裡的大福晉與對外聯絡無關，是另一回事。

第二，孟古哲哲雖出自名門，是葉赫楊吉努貝勒的女兒，但是自從她嫁給努爾哈齊之後，建州部與葉赫部的關係就日漸惡化了。不到兩年半的時間，由於努爾哈齊發展很快，葉赫便糾合了哈達、輝發等部，派使臣來向建州索地訛詐，雙方鬧得很不愉快。又過兩年，葉赫又組成了九部聯軍想一舉消滅努爾哈齊，結果未能成功，反被努爾哈齊擊敗，戰役中葉赫的布寨貝勒（孟古哲哲的堂兄）陣亡，孟古哲哲的胞兄納林布祿幾年後也因戰敗鬱疾而死。兩家關係如此惡劣，孟古哲哲能被努爾哈齊升為中宮大福晉嗎？

第三，莽古爾泰幼年「撫養宮中」一事，能不能表示他母親富察氏當時已失寵？如果兒子被孟古哲哲照顧撫育，證明這人的父母失寵，那麼岳託也被孟古哲哲恩養過，能說他父親代善失寵嗎？

第四，如果皇太極的專領正白旗不是軍功所致，而是「子以母貴」，那麼莽古爾泰在天命朝成為領旗的四大貝勒之一，是不是也因為「子以母貴」呢？若是如此，則到努爾哈齊建國稱汗之後，富察氏顯然還是大福晉了。

第五，天命九年四月努爾哈齊遷葬祖先家人骸骨時，孟古哲哲的輿轎蓋了黃幙，表示她以皇后之尊，得到如此待遇。努爾哈齊的祖父覺昌安、父親塔克世則用紅幙，身分地位好像還在孟古哲哲之下，這樣可能嗎？這在重嫡庶之分的滿洲宗法社會中是不近情理的。

《滿洲實錄》是乾隆朝重抄時改用的書名，該書原名應該是太祖、太后實錄，而太后就是專指皇太極母親孟古哲哲的，入關後重修時，「太后」名稱被人刪去了，因為中國歷史上從未見有夫妻二人列名為實錄專書的。皇太極初修滿蒙漢三種文字太祖努爾哈齊實錄時刻意強調他生母的地位是可以理解的，因為孟古哲哲如果是大福晉，一切問題都解決了。所以也有人以為《滿洲實錄》的部分內容不能輕信。

當然，這些看法也未必可信，希望將來能發現更多史料，給孟古哲哲的相關問題一個更正確的答案。

5 少年不留白

皇太極在青少年時代的生活、行事及他父親努爾哈齊對他的看法、期望，由於史料不多，我們無法全面了解；不過，皇太極後來有些追憶的談話，很是珍貴，足以讓我們看出當日部份的情形。

在當上大清皇帝之後，皇太極有一次對大臣貴族們說：

昔太祖時，我等聞明日出獵，即豫為調鷹蹴毬。若不令往，泣請隨行。今之子弟，惟務出外遊行，閒居戲樂。在昔時無論長幼，爭相奮厲，皆以行兵出獵為喜。爾時僕從甚少，人各牧馬披鞍，析薪自爨，如此艱苦，尚各為主効力，國勢之隆，非由此勞瘁而致乎？今子弟遇行兵出獵，或言妻子有疾，或以家事為辭者多矣，不思勇往奮發，……惟偷安習玩，國勢能無衰乎？

這番談話雖然是皇太極批評滿洲建立汗國之後，不少貴族高官家子弟苟且偷安，不知奮發圖強，但也反映了他少年時確實受過騎射訓練，而且是經常爭先參加圍獵的活動。打獵是滿洲人的優良傳統，不但藉以鍛鍊個人身體，同時也能培養大家合作戰鬥的精神。在皇太極出生後不久，有朝鮮人親訪建州，看到努爾哈齊的部下都喜歡射獵，每次打獵行軍時，大家帶著炒麵，調水而飲，六、七天吃六、七升，都在野處露宿。女子執鞭騎馬不亞於男人，十幾歲的兒童也能佩上弓箭馳逐參加打獵。皇太極在這樣的環境中長大，騎馬射箭的技能必然學習得很好；事實上，日後他自己也說過：他的「步射騎射，矢不虛發」。同時他也下令屬下官員，在各自所管地方，於春、夏、秋三季勤於習射，因為這是「國之大經」。不學好這種「制勝之技」，國家會衰亡的。

幼年的這種體能鍛鍊，對皇太極日後的生涯事業確實重要。天聰三年（一六二九）他帶兵第一次入關，一路作戰。後來又去蒙古征討察哈爾，一年之間很少有時間休息，但是他習以為常，不知疲倦。第二年他又與大批滿蒙漢官兵出外打獵，他不畏寒冷天氣，甚至手不入袖，到處奔馳，令參與打獵的人同聲佩服。他生前所用的一把弓，現在還保藏在瀋陽附近的實勝寺中，一般壯漢都不能拉開，他卻用過它在無數戰爭中射殺敵人，在行獵時射中黃羊與野兔，可見他身體強壯，力大無窮，而這些都與他年輕時的訓練有關。

皇太極又有一次追憶年輕時打獵的事，說道：

朕自幼隨太祖出獵，未嘗奪人一獸；軍中所有俘獲，未嘗私隱一物，朕以存心正直，獲承天眷。

這是說明他能繼承汗位是因為他「存心正直」，而這種正直心是由打獵學習和訓練來的。按照滿族人的射獵活動，參加的人不准任意行動，一切都要遵照指揮官的指示，講求守紀律，與他人合作，就像作戰時一樣。等到打獵結束，大家所得的成果，也不准私隱，更不能強奪，由指揮官與部族首長公正的按各人的表現作合理的分配。皇太極從小在射獵中學會了很多道理，也培養了他日後的高尚品格。

清代官書裡還記載了一件皇太極少年時期的大事，說他在七歲之後，他父親努爾哈齊就「委以一切家政，不煩指示，即能贊理，鉅細悉當」。所謂「家政」是指那些事呢？我們應該先了解一下當時滿洲人的「家」。

滿族的社會早年是由家庭、部落、種族，如此依次組織起來的，家庭是社會的基本單位。每個部落的首領都有家，家裡有妻子、奴婢、牲畜等，他統轄的部眾則住他家附近。努爾哈齊小時候與父母住在一起，生母死後，繼母待他刻薄寡恩，十九歲分家外住，過著艱苦生活。二十五歲時因父祖被殺，明朝認定他為繼承人，承襲父親官職，他的社會地位突然高升。後來他又進行兼併建州各部的鬥爭，得到成功勝利，因此到皇太極出生時，他們的家已是滿族中最興旺的頭等大戶之一了。他們家位在煙筒山東南二道子河邊的費阿拉城中，城分內外，內城是努爾哈齊行使權力與居住的所在，建築物有神殿、鼓樓、客廳、閣臺、樓宇等，樓宇高達三層，上蓋丹青鴛鴦瓦，墻塗石灰，壁上繪畫人物，柱椽畫彩，儼然有小宮殿規模了。「外城中，諸將及族黨居之，外城外，居生者皆軍人」。皇太極被「委以一切家政」時，努爾哈齊當時至少有五位妻妾，十一子五女，還有孫輩二、三人，算是一個三代同堂的大家庭了。另外，他們家中還有從事勞役的奴隸、護衛安全的兵丁、辦理文墨的幕僚，加起來又是一個相當數量的人員。努爾哈齊當時正是向建州部以外發展，從事對哈達、葉赫、輝發等部的戰爭，有時還忙著去北京進貢，或到遼東馬市貿易，他一年之中在家的時間不多，如果他真的把「家政」都交給了皇太極管理，實在是一項繁雜而又艱巨的任務。事實上，當時他們的家事與國事很難分開，日常家庭瑣務，部族錢財開支，樣樣都是要負責辦理的，皇太極如果在七歲以後就擔當如此重任，似乎不太可能，除非有年長的、有能力辦家政的人協助他才行。我想《清實錄》裡這樣的吹捧皇太極在童年就辦大事，只是他的後世子孫與御用史官們對皇太極的讚美用詞吧！

6 第一次上戰場

皇太極第一次上戰場是參加他父親的大軍去消滅烏喇的一次大戰役，時間是明神宗萬曆四十一年（一六一三）九月，當時他二十一歲。

明朝末年，遼東地區女真部落林立，主要的部落可以分為分三大部分：一、居住在現在吉林以北松花江轉折後江南以及黑龍江省哈爾濱市東邊阿什河流域的海西女真；二、分佈於長白山以北、牡丹江與綏芬河流域的建州女真；三、生聚在偏遠精奇里江下游直到庫頁島的黑龍江南北廣大地帶的野人女真。其中海西女真是因海西江（松花江）而得名，包括葉赫、哈達、輝發、烏喇四大部，又稱為扈倫四部。這四部中有些有同源的關係，所以彼此經常合作。

烏喇部居住於烏喇河（今松花江上游）流域，因此得名，他們與努爾哈齊的建州部相隔很遠，本來交往不多，相互間的利害衝突較少。不過努爾哈齊在兼併建州各部之後，領土逐漸與海西女真毗連相錯，矛盾自然發生了。首先是葉赫仗著他們的勢力向努爾哈齊索取土地，想分一杯羹。努爾哈齊認為土地是他辛苦冒死作戰得來，誰也不能強索，況且「土地不比牲畜，那有分給之理」。葉赫後來又糾結哈達與輝發兩部，以三部首長共同名義派出使臣向努爾哈齊說：「欲分爾地，爾不與；欲令爾歸附，爾又不從；倘兩國興兵，我能入爾境，爾安能蹈我地耶？」語氣相當狂妄。努爾哈齊大怒，斥罵來使，因而引起了葉赫領頭九部聯軍消滅建州的戰爭，那是皇太極兩歲大時發生的事。

九部聯軍雖實力強大，但被努爾哈齊給打敗了。烏喇部的領軍貝勒布占泰在戰役中被生擒，成了階下囚。努爾哈齊為爭取烏喇，實行他的遠交近攻策略，特別優待布占泰，不但沒有殺他，而且賜給他猞猁猻皮裘，恩養了他三年。後來又送他回烏喇，幫助他擊敗首領，使他成為烏喇部的領導人。努爾哈齊又先後與布占泰家五次聯姻，其中三次是努爾哈齊的女兒與侄女嫁給布占泰。同時又和他盟誓了七次。對布占泰而言，努爾哈齊真是做到仁至義盡了。可是布占泰與葉赫等海西女真的關係不能割斷，而且他自己又不服輸，不願受建州統治，因而與努爾哈齊的衝突自然不能避免了。

萬曆三十五年（一六〇七）正月，東北邊區有一部分野人女真向建州女真歸降，努爾哈齊派了胞弟舒爾哈齊、長子褚英、次子代善等人率領兵丁三千，到瓦爾喀部斐優城迎接並護送這批人來歸，沒有想到在路上遭到烏喇軍隊的襲擊。當時烏喇兵有一萬之眾，在圖們江畔鍾城附近與建州軍發生大戰。褚英、代善等勇猛作戰，結果斬殺了烏喇兵三千級，獲馬匹五千，盔甲三千副，據說這場戰爭「如天崩地裂」，烏喇因這次敗績大傷元氣。第二年，努爾哈齊又派了長子褚英與侄子阿敏率兵五千，到宜罕山城，戰敗了烏喇兵，「斬殺千人，獲甲三百」。

努爾哈齊為掌控「參貂」利源，打通前往圖們江、綏芬河、牡丹江上流的通路，乘戰勝餘威，於萬曆四十年（一六一二）發動親征烏喇的大戰爭。這年九月，努爾哈齊率領盔甲鮮明、兵強馬壯的大軍，由第五子莽古爾泰及第八子皇太極隨行，沿烏喇河而下，連克河西等六城，在距離烏喇城西門二里處的金州城紮營，與烏喇軍相持了三天。建州兵只好四出放火燒莊，盡燬烏喇糧食。烏喇兵原本採取白天出城對壘，夜間入城休息的戰略，後來見情勢險惡，布占泰乃乘獨木舟到烏喇河中向努爾哈齊求情，懇請停止燒糧。努爾哈齊嚴厲指責他背盟違約，不顧恩情、虐待族女、壞人名譽等事，命令布占泰送人質來建州，以示臣服。皇太極與兄長莽古爾泰都向父親表示要帶兵過河進攻，努爾哈齊則耐心的對他們兄弟說：

欲伐大木，豈能驟折？必以斧斤伐之，漸至微細，然後能折。相等之國，欲一舉取之，豈能盡滅乎？且將所屬城郭，盡削平之，獨存其都城。如此，則無僕何以為主、無民何以為君？

努爾哈齊沒有准許皇太極兄弟進攻，而只留下兵丁一千人戍守在烏喇河邊今伊通縣赫爾蘇城，他在不久後就返回赫圖阿拉老家了。布占泰則始終沒有回應，所以第二年正月，努爾哈齊又親率大軍三萬人，再征烏喇，結果大敗烏喇兵，屍橫遍野，血灑郊原，布占泰僅以身免，逃到葉赫以了殘生，烏喇部也就如此被建州部消滅了。

皇太極第一次參加戰役，史書中雖沒有強調他的戰功；但是他父親給他講述的伐大樹的比喻，令他永記不忘，到他繼承大位當了大汗之後，當清兵對明兵作戰連連勝利之時，大臣們與部將都勸他直搗北京，消滅明朝時，他就用砍伐大樹作比喻，告誡臣下，不能期望立刻把一個大國滅亡，要假以時日，先從砍削樹枝開始，漸切旁枝，最後斷其主幹，才是萬無一失之良方。由此可知，皇太極第一次參與作戰時就從父親處得到了好教訓，其後又從多次戰爭中不斷的學習、鍛鍊，使他成了「用兵如神」的大軍事家了。

7 榮膺和碩貝勒

皇太極的父親努爾哈齊自萬曆十一年（一五八三）為父祖報仇起兵以後，經過三十多年的艱苦奮戰，不僅統一了建州女真各部，也兼併了大部分海西與野人女真部落，領有了廣大的遼東地區，「自東海至遼邊、北自蒙古、嫩江，南至朝鮮、鴨綠江，同一言語者俱征服」。在同一時間內，努爾哈齊又命令文臣創製了滿洲文字，提高自己族人的自尊心，有助於形成滿族共同體。同時又建立了八旗制度，使分散的女真民族組織起來，增強了作戰與生產的力量。後來他又選用了一批人擔當理政聽訟五大臣與理事官十人，與八旗領主一同議政，參決機務。國家規模可以說已經具備了。

萬曆四十四年（一六一六）努爾哈齊在子侄與文武大臣們擁戴下，在赫圖阿拉都城中稱汗建國。皇太極當時雖然才二十五歲，但是他已被父汗提升為四大和碩貝勒之一了。「和碩貝勒」滿洲文作hošo beile。「和碩」（hošo）意為四方之方，方隅，東南、西南、東北、西北四角之「角」。「貝勒」（beile）原是部落首長的稱號，後來變為爵位、封號。在「貝勒」之前若加上「和碩」一詞，則有統轄、管理一方的涵義，所以「和碩貝勒」是早年地位極高的封號，管理一方的大領袖。努爾哈齊之後，「和碩」一詞逐漸不用，而貝勒也變為爵號了。皇太極何以在如此年輕時就能榮膺此職呢？這也許和他去世的母親曾是努爾哈齊的愛妻有關；不過，更重要的是皇太極的能力、才華、忠誠等等，得到他父親的肯定與賞識。如前所述，他七歲之後，父親就「委以家政」，而他對大家庭的日常事務、錢財收支都處理得有條不紊，甚得父親的歡心。二十歲隨父兄等出征烏喇時，表現得也很出色，尤其勇敢精神，給他父親印象深刻，這些應該都是主要的原因。

皇太極是四大和碩貝勒中的第四位，所以在當時有「四王」、「四貝勒」之稱，滿文檔案中稱他為「duici（四）beile」。若以出生次序來說，他是努爾哈齊的第八子，最年長的哥哥褚英因行事乖張，觸怒父汗，被整肅死去了，其餘二哥代善、三哥阿拜、四哥湯古代、五哥莽古爾泰、六哥塔拜、七哥阿巴泰，都是他的同父異母兄長，在以上的兄弟中能膺任「和碩貝勒」的除他之外，只有代善、莽古爾泰二人，他們也都是因戰功而有眾多部眾才成為和碩貝勒的。四大和碩貝勒中還有一位是阿敏，他是努爾哈齊胞弟舒爾哈齊的兒子，也就是皇太極的堂哥。阿敏之所以能任和碩貝勒，是他父親死後他繼承了父親的財產、人口，八旗中的藍旗是他們家的天下，而他又多次參加作戰，很有功勞，故能得到這個高位。

若從另外一個角度看，有資格成為「和碩貝勒」的人似乎先要取得「主旗貝勒」的身分。例如當初滿洲只有四旗時，主旗貝勒分別是努爾哈齊、褚英、代善、舒爾哈齊，他們分別統領黃、白、紅、藍四旗。後來四旗擴充為八旗，而褚英與舒爾哈齊又先後被努爾哈齊整肅了，所以八旗的主旗貝勒人選起了很大的變化，分別變為努爾哈齊主正黃、鑲黃兩旗；皇太極主正白旗、褚英的兒子杜度主鑲白旗；代善主正紅旗，代善子岳託主鑲紅旗；莽古爾泰主正藍旗，阿敏主鑲藍旗。可見努爾哈齊把褚英與舒爾哈齊打垮後，用自己的另外兩個兒子奪取正白與正藍的主旗權了。杜度與岳託是努爾哈齊的孫輩，皇太極與莽古爾泰因而地位上升，膺任「和碩貝勒」。主旗貝勒掌管一旗的軍、政、財、刑、生產、婚娶大小諸事，「無不以貝勒之言為言」。努爾哈齊的身分則是雙重的，他既是統領正黃、鑲黃兩旗旗主，又是八旗共同的大汗。汗以天為父，諸主旗的貝勒以汗為父。努爾哈齊是當時後金汗國的最高統治者，和碩貝勒則是大汗一人之下的第二號領導人。

皇太極是排名第四位的和碩貝勒，這可能與他的年齡輕與資歷淺有關。其他三位代善、阿敏、莽古爾泰都比他年長，也比他參與的戰爭次數多。不過他排名最後並不表示他的權力與作用比另外三位差。例如天命六年（一六二一）二月，「太祖（按指努爾哈齊）命四大貝勒按月分直，國中一切機務，俱令直月貝勒掌理」。皇太極就與其他三大貝勒輪流執政，處理國家重大政事了。他另外的哥哥如阿拜、湯古岱、塔拜、阿巴泰等人，就沒有這樣的機會，打入國家權力的核心，踏上通往權力最頂峰的道路。

皇太極當上和碩貝勒，不單是自己位高權重，同時也使他向大汗寶座邁進了一大步。

8 撫順、薩爾滸戰役立奇功

努爾哈齊建立後金之後，由於投降的人愈來愈多，八旗內部旗權膨脹而發生內鬥，加上被征服的女真各部不安及遭遇遼東水災等等，他為了轉移汗國內的矛盾，獲取更多的糧食與財富，決定向明朝發動戰爭。

天命三年（明萬曆四十六年，一六一八）四月十三日，努爾哈齊以「七大恨」為藉口，焚香告天，用激化民族感情的手段，號召女真人反抗明朝。他先率軍到撫順境地，十五日佯裝要到撫順做買賣，然後突發奇兵，在守城主將配合下，八旗兵攻陷了撫順城。在打下撫順的同時，滿洲的另一路大軍則攻克了東州、馬根丹二地及附近的臺、堡一百多座，在這三座城市與附近被俘掠的人口與牲畜近三十萬口，被殺的軍民也高達二、三萬人。

明朝遼東的巡撫得到撫順失陷的消息，立即派兵來增援，努爾哈齊本想帶著戰利品回家，但皇太極與大哥代善主張乘勝殺敵，以竟全功。努爾哈齊同意了他們的請求，皇太極乃冒死衝陣，與強大的明軍力拚，結果大敗明兵，並隨後追殺，大獲全勝。這一戰，明朝的「主將兵馬，一時俱沒」，而滿洲兵得到「甲七千副，馬九千匹，兵仗器械不可數計」。

撫順一戰不但緩和了努爾哈齊新建汗國的缺糧問題，平息了八旗內部爭端，也增加了八旗貴族與官兵的作戰信心，因為這是他們第一次與明軍大規模正面作戰，竟然獲得如此的大勝利，而這次大勝利多少是與皇太極的分析戰況正確有關的。

同年七月間，努爾哈齊食髓知味，再度出兵攻打清河，除了下令旗兵「八進八退」的猛攻，又用了人參、貂皮作誘餌，鬆懈了明兵的防守而取得了城池。

努爾哈齊接連的攻陷撫順、清河等城市，「天朝」決心要對這個叛徒施以懲處了。明廷下令徵集國內山東、陝西、甘肅、四川等地大軍，開往遼東，準備一舉消滅努爾哈齊的勢力。終於在萬曆四十七年二月，由楊鎬作總指揮官，帶領號稱四十七萬大軍（實際約十二萬人），分四路由瀋陽等地出發，直搗後金都城赫圖阿拉。

明朝的四路大軍中，以名將杜松率領的為主力軍，總計兵力約三萬人。不過明方的師期、出兵動向都事先洩漏。努爾哈齊知道明軍「分兵合擊」後乃採用各個擊破策略，「恁爾幾路來，我只一路去」，集中兵力先對付杜松一軍。杜松急躁，星夜出撫順關，渡渾河，沿蘇子河攻向赫圖阿拉。皇太極則在父兄的配合下，集合八旗大軍六萬人，與杜松軍在薩爾滸山地區發生了遭遇戰。

當杜松大軍正在渡過蘇子河時，八旗兵突掘壩放水，將明兵分隔東西兩部，杜松當時已過河，便下令軍隊包圍河畔的吉林崖，企圖據有高地立營，控制戰局。不過皇太極等人率領的旗兵近四萬人，發動攻擊，先包圍殲滅了蘇子河西薩爾滸地區的明軍，然後再集中兵力圍攻東岸明軍，主將杜松以下大約一萬多人都在戰鬥中陣亡，至此，歷史上著名的薩爾滸山大戰，後金旗兵已奠定了勝利的基礎。

杜松的殘餘部下有逃脫的，後來參加了北路軍馬林的部隊。馬林原先是經由開原、鐵嶺路線，從北面進攻赫圖阿拉，知道杜松一路已被擊敗，他便下令轉攻為守，分別駐營於尚間崖、斐芬山、斡琿鄂謨等地，營地前都列大炮又密佈騎兵。皇太極在殲滅杜松大軍後，立即跟著父親又來攻打杜松部下龔念遂等將官的營地，踏進了馬林的防區。他一馬當先向斡琿鄂謨地區猛攻，打得明兵潰不成軍。同時另外由代善、阿敏、莽古爾泰等人率領的八旗兵，也向馬林的尚間崖、斐芬山展開激戰，結果是擊敗明兵，馬林僅以身免，明兵死傷慘重，使尚間崖下「河水皆赤」。薩爾滸山的第二場大戰，後金兵又取得了勝利。

明朝的東路軍由勇猛著稱的劉綎率領，並得一萬多名朝鮮軍隊的助攻，原本是想由寬佃方面進攻後金都城的。可是一則因路遠、天候等因素稍延了軍期，同時朝鮮軍隊又表現得極不配合，減少了戰鬥力。加上努爾哈齊父子已解決了杜松與馬林的攻勢，摧毀了明軍的主力，全軍返回了都城赫圖阿拉，集中全力對付劉綎，明朝東路的失敗是注定的了。

如果劉綎不停兵而勇往直前，如果劉綎不中努爾哈齊與皇太極的詐稱杜松未死而已到赫圖阿拉的詭計，明軍可能取得赫圖阿拉，因為旗兵都傾巢而出，迎戰杜松等人去了。努爾哈齊返防又設下陷阱，讓劉綎走進被旗兵四處包圍的阿布達里岡，最後被埋伏在山頭、林中、溪谷各地的滿洲兵四出攻擊，皇太極等又從山上往下馳擊衝殺，劉綎雖以最大勇氣與毅力堅持作戰，左右手臂先受刀傷，最後則引爆火藥自焚而死。

明朝的南路軍因其他三路戰敗也奉命回師了，薩爾滸山三場攻守大戰在五天內就結束了。清朝官書裡說：「自古克敵制勝，未有如斯之神者也。」而這次戰爭使滿洲人的後金汗國掌控了遼東的主位，明朝從此只有防守而無法主動出擊了。乾隆皇帝說：「我大清億萬年丕基實肇乎此。」實在是有些道理的。

薩爾滸山之戰據說明朝文武將吏一共死了三百多人，士兵陣亡的高達四萬五千多，馬匹槍炮損失無數。皇太極自始至終參與了三場大戰，他獻智獻勇，每戰必勝，確實建立了奇功。

9 馳騁遼河兩岸

八旗兵在薩爾滸山大敗明兵之後，努爾哈齊決定乘勝進兵，在同年（天命四年，萬曆四十七年，一六一九）六月，他又親率大軍進攻開原。為了製造假象，八旗兵由努爾哈齊與皇太極率領先攻掠懿路、蒲河等地，好像要進兵瀋陽。明朝駐瀋陽的總兵賀世賢出城迎戰，但被後金兵擊敗，皇太極率精銳騎兵進擊，並想攻進瀋陽，被其兄代善阻止才作罷。實際上，努爾哈齊的大軍已逼抵開原城下了。

開原是座古城，與遼陽、鐵嶺是明代遼東三大中心要鎮。當時守城總兵官是剛從薩爾滸敗陣下來的馬林，他以為聯絡蒙古兵可以抵禦努爾哈齊，可是蒙古兵只是騙取他的財帛而已，當八旗猛攻開原時，根本沒有一兵一卒來助戰，馬林雖在南、西、北三門佈置了戰車，但後金早在城中安排了「諜工」，猛攻東門，後來有人「開門內應」，因而「無亡矢遺鏃之費」，順利的攻入了東門，馬林戰死，城中被「屠殺人民無慮六、七萬口」，而八旗兵將城中的金錢、布匹、糧食等物，用牛馬車輛運了三天三夜，送回赫圖阿拉老家。

開原城陷之後，明兵士氣瓦解，從鴨綠江東南起到西北一帶城市鎮堡，一時被八旗攻克的有幾十處之多。在遼河東岸，明軍控制的大城只有鐵嶺、瀋陽與遼陽了。

同年七月下旬，努爾哈齊又下令進攻鐵嶺，同樣的又以重金收買了城內的將官作內應，因此當八旗兵發動攻勢時，明兵參將丁碧就「開門迎敵」，並引導八旗兵入城，鐵嶺就這樣被努爾哈齊取得了。

鐵嶺淪陷後不久，明廷派了有膽有識的熊廷弼代替楊鎬為遼東經略。熊廷弼主張「堅守進逼之策」，即邊守邊戰，守穩再戰。他到遼陽視事後施出鐵腕，處決在戰爭中臨陣脫逃的將官，自己親身巡視邊防，這些實際行動，穩定了人心，提高了戰鬥力，也遏止住了努爾哈齊的氣燄。

熊廷弼是位耿介之士，不願與朝廷中的宵小結黨，因而遭人誹謗，說他「尚方之劍，逞志作威」；出關一年，漫無定劃；擁兵十萬，不能擒賊。他就在多人的攻擊下黯然下臺了。在熊廷弼出任經略的一年多當中，明朝也發生了大變故，神宗萬曆帝先病死，他的兒子光宗繼承，但即位僅一月時間又病故，熹宗天啟皇帝即位，這位新君理政後，就是明末最黑暗的時期，閹黨大行其道，很多忠良之士冤死，朝政不堪聞問。熊廷弼的接任人是「用兵非所長」的袁應泰，努爾哈齊乃掌握機會又發動新一波的對明進攻。

天命六年（明天啟元年，一六二〇）三月初十日，努爾哈齊帶領了八旗大軍，水陸並進，直往瀋陽。瀋陽當時有守軍七、八萬人，又經過熊廷弼的整修，城外有圍城及深濠，並有戰車與火炮裝備，實在算是一座「堅城」。不過總兵官賀世賢被努爾哈齊誘騙，輕率的帶兵出城，結果中了埋伏，身中四箭敗退回城。另外一位總兵尤世功的部下畏戰，一哄而散，更使瀋陽戰局岌岌可危。努爾哈齊則一邊派兵圍攻賀、尤兩軍，一邊以大軍猛攻瀋陽，冒死攻打東門。後因賀世賢戰死，城中軍心士氣越發不振。這時城內投降的蒙古人又砍斷橋繩，放下吊橋，讓八旗兵擁門而入，攻佔了瀋陽。

明朝援軍趕來時瀋陽已失守，結果在城外七里處的渾河岸邊與八旗兵發生了遭遇戰。這場戰事中皇太極居功厥偉，他帶領的騎兵衝散了明兵，並乘勝追殺到白塔舖。後來又與代善等人的大軍會合，斬殺明兵三千多人，副將、參將也多人陣亡。渾河之戰發生在攻陷瀋陽之後，但重要性也是不言可知的，因為明朝援軍若不消滅，瀋陽就有失而復得的可能，至少也給後金極大的威脅，尤其對遼陽的防守是有大助益的。

可是援軍被皇太極打敗了，努爾哈齊在瀋陽住了五天，整頓兵馬，論功行賞，隨即下令進攻遼陽。

遼陽是當時東北地區政治、經濟、軍事、文化的中心，熊廷弼、袁應泰等遼東經略都在這座城裡辦公，防禦工事比瀋陽還要好，八旗兵來攻時，袁應泰與巡按大臣張銓分守東西兩門，本可以用火炮、水濠堅守此城的，只是後金兵銳不可當，冒死登城。後來因小西門火藥突然起火，延燒到各軍營舖及軍營草場，致使守軍潰亂，這場火又可能是城裡作內應的蒙古降人放的。袁應泰見大勢已去，自縊死。

遼陽陷落之後，數日之間，金、復、海、蓋……等「大小七十餘城，官民俱削髮降」。

努爾哈齊打下瀋陽、遼陽後改變了戰略，改變了以前攻城不治地的傳統劫掠方式，他先以遼陽為都城，五年後又遷都瀋陽，準備先以遼河為界與明朝一邊一國，再伺機越遼河、入山海關，消滅大明國。

皇太極在開、鐵、瀋、遼的歷次戰爭中都親身參戰，奮勇當先，尤其在渾河一役中，瓦解了明朝援軍的實力，為攻克遼陽、統治遼東地區掃除了障礙，他的貢獻不能說不大，而他浴血作戰攻陷的瀋陽，竟是日後他當了皇帝時的首都，也是清朝歷代帝王經常遙念的故都。

努爾哈齊佔領遼瀋大城之後，揮兵越遼河西進，而廣寧就是第一個目標，皇太極又在父親的指揮下，馳騁遼西大地了。

廣寧是遼西的重鎮，是通往山海關的門戶，自遼瀋失陷、袁應泰自縊之後，明廷又起用熊廷弼為經略，而又以閹黨支持的王化貞為巡撫，熊、王二人對防守政策想法不同，形成「經撫不和」的大不幸事件，結果再造成廣寧的失守。由於在朝的大臣多支持王化貞，熊廷弼只擁有虛名，十三萬大軍的指揮權卻操在王化貞手裡，而王化貞的愛將孫得功竟是努爾哈齊安排在廣寧臥底的人，所以當八旗兵進攻廣寧時，孫得功「即發炮，堵城門，封銀庫，封火藥」，等待後金人馬入門，王化貞全然無知，最後被一名參將拉出衙門，以駱駝代馬，僅以身免的逃出廣寧。孫得功則一邊派遣將士出城迎接努爾哈齊入城，一邊命將士、生員、人民剃髮，吹喇叭，奏哨吶，到城外跪迎大汗光臨，努爾哈齊就這樣輕易取得了廣寧。

皇太極在這次戰役中主要是擔任招撫流亡人民的任務，勸那些從遼陽、瀋陽逃來的難民回家，也安撫廣寧一帶的居民安居復業生活。可是滿漢之間早有族群不和的問題，皇太極只好軟硬兼施，順者優待，逆者兵臨。尤其在廣寧城西義州一帶，城裡軍民聯合抗拒，緊閉城門，皇太極無奈，只好與長兄代善合兵攻打此城，結果斬殺了守城的軍民三千多人，經過八小時作戰才完成任務，也解除了廣寧城的後顧之憂。

廣寧地位重要，西與明朝、北與蒙古都是戰略要衝，後金佔領廣寧，不但是突破了遼河防線，打開了遼西門戶，同時也為進攻明朝、征服蒙古創造了有利的條件。

10

家變中的獲利者

努爾哈齊二十五歲時為報父祖之仇起兵，他的同胞弟弟舒爾哈齊當年二十歲，兄弟二人以「遺甲十三副」，部下不足一百人追殺仇家尼堪外蘭，沒有想到後來竟兼併了建州各部女真，並征服了大部分海西與野人部落，國家基礎奠定，但是愛新覺羅家族中的紛爭也隨之而起了。

紛爭的起因說穿了是為了爭權爭利，這是人性中的最大弱點。早在萬曆二十三年（一五九五），當朝鮮使者訪問建州老寨時，他們發現舒爾哈齊在除夕歡宴時「服色與兄一樣」，而「諸將進盞於奴酋（按指努爾哈齊），皆脫耳掩，舞時亦脫，惟小酋（按指舒爾哈齊）不脫」，可見當時他的地位已不同於一般人了。新年過後，朝鮮使者到舒爾哈齊處作客，主人毫不客氣的向來客提出要求：「日後你僉使若有送禮，則不可高下於我兄弟！」這裡很清楚的看出他要與兄長爭地位平等，爭禮品財物的多少。兄長努爾哈齊也不是等閑之輩，對弟弟作戰不力也常常表示不滿，例如萬曆二十七年（一五九九）征哈達時就在哈達城下當眾怒斥舒爾哈齊。萬曆三十五年攻打烏喇時，舒爾哈齊在烏碣岩一役擁兵不前，事後又遭到嚴厲的議處。努爾哈齊原本要想處死他部下兩名將官的，舒爾哈齊竭力反對，最後雖免死，但罰了兩個將官銀兩與所屬牛彔人口才了事，而從此努爾哈齊「不遣舒爾哈齊將兵」，削奪了他的兵權，兄弟間的感情當然變得更壞了。其後舒爾哈齊常出怨言，並一度離開兄長，到黑扯木地方自立門戶，努爾哈齊則下令沒收弟弟的一些財產，殺了他的族子阿布什等人，兄弟間幾成水火不容之勢。舒爾哈齊後來雖又回到建州，但不久後即傳出他的死訊，明朝得知後，還派人以貢禮及辦牛羊席為他弔祭，因為舒爾哈齊對「中國宣諭，無不聽命」。可見他與明朝的關係很好，可能也就因為如此而引起了努爾哈齊的殺機。因為當時很多明朝人都說「酋疑弟二心」、「腰斬之」，也有人說努爾哈齊忌其弟兵強，「計殺之」。

舒爾哈齊的死亡，表面上看對皇太極無任何關係，可是若從長遠方向看，對日後皇太極取得大汗寶座無異是清除一個大障礙。

皇太極想要登上大汗寶座事實上障礙還多著呢！例如在他之前還有幾位兄長，都是從小就與努爾哈齊一起打天下的，尤其褚英、代善二人，他們建立的戰功很多，而且是嫡子，他們繼承汗位是合理應該的，可是天佑皇太極，他們家中連續發生一些變故，而在幾次鬥爭中皇太極又幾乎都是獲利者。

褚英是努爾哈齊髮妻所生的長子，他在十八歲時就因為征安楚拉庫勝利而得到「洪巴圖魯」（滿語hūng baturu的漢字譯音，「洪」：火燃起之聲；「巴圖魯」：英雄、勇士之意，合稱有「旺盛之英雄」意思）的賜號。二十七歲征烏喇，在烏碣岩作戰勇猛，又被賜號為「阿爾哈圖土門貝勒」（滿語作argatu tumen beile。「阿爾哈圖」意為謀略，「土門」作百千萬之「萬」，亦有「眾多」、「多端」之意）。褚英後來被稱為「廣略貝勒」，語源就出於此。由於褚英屢立戰功，又為努爾哈齊長子，一度受命執掌國政。不過褚英心胸褊狹，行政經驗不足，加上其他兄弟爭權，他終於與五個大臣及四個兄弟貝勒鬧得不可開交，甚至於四貝勒與五大臣團結一起上書努爾哈齊，歷數他們受褚英的迫害。褚英又剛愎自用，不向父親答辯，因而陷於孤立，但他仍聲稱「我即位後，將誅殺與我為惡的諸弟、諸大臣」。努爾哈齊為安定部族，鞏固領導權，只好罷黜了褚英，最後把他「幽禁在高墻之中」，褚英因不知悔改被處死，當時他才三十六歲，而不久努爾哈齊就建國後金，自己稱汗了。在這次家變的鬥爭中，皇太極直接上了火線，參與其他兄長與元老重臣的聯合陣線，與褚英作殊死的戰鬥。

褚英被囚死之後，後金汗國的爭繼之事更為表面化了。當時的四大和碩貝勒個個位高權重，不過阿敏是舒爾哈齊之子，不合繼承資格，代善居長，擁有二旗兵力，為人又寬厚，頗得人心。

莽古爾泰雖有戰功，但行事粗魯，不孚眾望。皇太極有一旗兵力，雖得父愛，想出線還難。努爾哈齊顯然一度意屬代善，曾說：「俟我百年之後，我的諸幼子和大福晉交給大阿哥（指大貝勒代善）收養。」朝鮮人也說努爾哈齊死後，代善「必代其父」。可是到天命五年（一六二〇）努爾哈齊家族中又發生一件變故，代善繼承的希望也因這一家變而落空了。

這一年三月間，一位名叫德因察的小福晉向努爾哈齊告發說：

大福晉兩次備佳肴送給大貝勒，大貝勒受而食之。一次備佳肴送給四貝勒，四貝勒受而未食。大福晉一天二、三次派人去大貝勒家，大約商議要事。大福晉又有二、三次在深夜出宮院。……

大福晉給大貝勒代善與四貝勒皇太極送美菜佳肴，反映當時這兩人政治地位比其他人重要。努爾哈齊隨即派額爾德尼等四位大臣調查，結果查明告發屬實，而且還有大臣透露：諸貝勒大臣在汗家宴會商討國事時，大福晉都飾金佩珠，錦緞妝扮，傾視大貝勒代善，狀至親密，大家不敢報告而已。努爾哈齊接到調查報告後，非常憤怒，但家醜不能外揚，最後以大福晉竊藏金帛之罪，把她休棄了。代善當然也因此事失去了繼承大位的機會，第二年努爾哈齊便制訂出八家共治、推選大汗的辦法，使大汗繼承變成公決的制度。

近代史家有人提出德因察告發之事可能是皇太極在幕後策劃的，因為皇太極吃或未吃大福晉送的菜，小福晉德因察如何能知道？而且後來德因察在努爾哈齊死時也被皇太極等人迫去殉葬了，這是不是「殺人滅口」？政治鬥爭真是骯髒又殘忍，誰說不是呢？不過，這次家變，最大獲利者仍是皇太極，因為不僅有權勢的大福晉被廢，最影響他得大位的代善也弄得聲名敗壞，從此不再得到父汗的歡心，而皇太極則得到了走向權位最高峰的有利條件。

11 汗位之爭

休棄大福晉是努爾哈齊晚年的事，離他死亡不到六年。他對一生辛苦建造的汗國當然非常重視，所以在這次大家變的第二年，他宣佈了未來汗位繼承的方式。他說：

繼朕而嗣大位者，毋令強梁有力者為也。……爾八和碩貝勒，擇其能受諫而有德者，嗣朕登大位。若不能受諫，所行非善，更擇善者立焉。……

努爾哈齊本來還有傳位嫡長的念頭，但在褚英與代善身上實踐時都失敗了。當時八主旗貝勒個個擁有龐大實力，各自為政，他知道將來必有爭端，為了後金汗國的安定，他想出了這個八家共治國政的辦法，讓八和碩貝勒都有推舉新汗的權利，也都有權被推舉為新汗，而且還能對不稱職的汗加以「更擇」，看起來比較民主，個個有希望。

天命十一年（明天啟六年，一六二六）八月十一日，努爾哈齊病逝，享年六十八歲。清官書中記：

上於國家政事，子孫遺訓，平日皆預定告誡，臨崩，不復言及。

這就是說努爾哈齊臨死前沒有提到汗位繼承人的事，「預定告誡」顯然是指八家公推新汗。《清實錄》所記皇太極能繼統的情形，正符合諸貝勒公推事實。該書說：

天命十一年八月庚戌，太祖高皇帝崩，大貝勒代善子貝勒岳託、薩哈廉兄弟共議，至其父代善所，告曰：「國不可一日無君，宜早定大計。四貝勒才德冠世，深契先帝聖心，眾皆悅服，當速繼大位。」代善曰：「此吾夙心也。汝等之言，天人允協，其誰不從！」遂與岳託、薩哈廉定議。翌日，諸貝勒、大臣聚於朝，代善以其議告大貝勒阿敏、莽古爾泰及諸貝勒阿巴泰、德格類、濟爾哈朗、多爾袞、多鐸、杜度、碩托、豪格等，皆曰：「善。」議遂定。乃合辭請上即位。

《清實錄》裡又說：皇太極最初謙辭不就，說自己「涼德，懼不克負荷也」。諸貝勒再三堅請，「自卯至申」，「然後從之」。這當然是日後御用史官筆下的文飾之詞，事實上當時後金確實發生過爭繼的事。

第一，當時明朝人就有這種說法。擔任遼東督師的王之臣與遼東巡撫曾向中央報告稱：「奴酋奴兒哈赤死於瀋陽，四子與長子爭繼，未定。」明熹宗天啟皇帝也說：「奴斃已真，其子爭位，狡黠叵測。」可見明朝官方已探得代善與皇太極爭權的事。

第二，朝鮮人的消息更多了，《李朝仁祖實錄》中記述：「鄭忠信還自後金。」謂皇太極「其即位係奪立云」。另外一本書《丙子錄》則記：

建州虜酋奴兒赤，疽發背死。臨死命立世子貴榮介。貴榮介讓位於弟弘他時曰：「汝智勇勝於我，汝須代立。」弘他時略不辭讓而立。

還有《日月錄》一書中也記了皇太極繼位的事，其文曰：

奴兒赤臨死，謂貴榮介曰：「九王子應立而年幼，汝可攝位，後傳於九王。」貴榮介以為嫌逼，遂立洪太氏云，僭號天聰。

上引文中奴兒赤，奴兒赤指努爾哈齊，貴榮介是「古音巴圖魯」的對音，指代善；弘他時、洪太氏為皇太極的音轉；九王為多爾袞。

第三，清朝官方與皇室人員的官私書檔裡也隱約的提到這件事，像順治八年（一六五一）鬥爭多爾袞時，在〈多爾袞母子併妻罷追封撤廟享詔書〉文件中，訴說多爾袞的罪狀之一為：「自稱皇父攝政王，……以為太宗文皇帝之位原係奪立。」順治皇帝的《實錄》中也說：多爾袞「擅自誑稱，太宗文皇帝之即位，原係奪立。以挾持中外」。朝鮮《實錄》裡用「奪立」一詞，相信是本於清官書的說法。

乾嘉時代，代善的後人愛新覺羅昭槤，寫了一本名叫《嘯亭雜錄》的書，在《續錄》卷二有〈明人論先烈王〉一文，其中說：

嘗讀全謝山《鮚埼亭集》，載明人夏吏部允彝言曰：「東國乃能恪遵成命，推讓及弟，又能為之捍禦邊圉，舉止與聖賢何異？其國焉得不興？」蓋謂先烈王讓國事也。

文中的「先烈王」就是指昭槤的祖先代善。「讓國」就是說，汗位原本是代善的，後來讓給皇太極了。

又在《大清國史宗室列傳》（現藏臺北故宮博物院）中代善傳文記：

（天命）十一年八月庚戌，太祖上賓，代善於諸子最長，至功德茂異，夙有人君之度，眾望尤屬太宗，特諸貝勒大臣以次序素定，未敢言也。代善慨言與子岳託、薩哈廉自作議書，具言紹承大統，必得聖君，始能戡亂致治，以成一統大業，自顧德薄，願共推戴太宗嗣位。

文中有「代善於諸子中最長」、「次序素定，未敢言也」等句，不但與《清實錄》所述不同，實含深長寓意，皇太極之繼承似確有爭奪取得之嫌。

綜合以上各書所記，皇太極的繼承汗位，應該是由眾貝勒同意後取得的，但在過程中一定有些爭執，相互間的鬥爭是免不了的。

天命十一年九月初一日，皇太極舉行登極大典。和碩貝勒與其他眾貝勒、大臣各官，都聚於瀋陽都城的大政殿前，具法駕，設鹵簿，新汗率眾人祭堂子，焚香告天，行九拜大禮，皇太極入座，即大汗位，宣告明年改元天聰（一說當時並未以天聰為年號）。

第二天即九月初二日，新汗與眾大小貝勒一同拜天盟誓，皇太極特別發誓說：「我若不敬長兄，不愛子弟，不行正道，……天地鑒譴，奪其壽數。」隨後代善、阿敏、莽古爾泰也率領其他貝勒立誓：「我等兄弟子侄……（若）心懷嫉妒，將不利於上者，天地譴責之，奪其壽數。」盟誓之後，皇太極「以三大貝勒擁戴，初登宸極，不遽以臣禮待之」。皇太極就這樣的暫時登上大汗的寶座。

12 兩黃旗易主

明神宗萬曆四十三年（一六一五）底，努爾哈齊再度整編女真氏族社會軍事組織，確立了八旗制度。當時以三百個男丁編成一個牛彔，五個牛彔為一甲喇，五個甲喇為一固山，各牛彔、甲喇、固山都設「額真」（ejen）為長官。「固山」滿洲語為「旗」，「固山額真」意為「旗主」，即旗的長官。八旗制是由萬曆二十九年（一六〇一）四旗的基礎上擴增而成的，因此原來用的黃、白、藍、紅四種顏色的旗，各在原色邊上鑲色，成為八旗。

八旗雖有「固山額真」的旗主長官，但他們不是旗下所有屬人的主人。八旗的真正主人是努爾哈齊一族的嫡生親人，他們才都是天生的貴族，滿文裡稱他們為「和碩貝勒」。滿文「和碩」（hošo）是一方、一隅的意思，原先是狩獵時負責東、南、西、北四方，或東南、東北、西南、西北等八方的指揮帶頭人。「貝勒」（beile）是女真部落的一部之長。八旗制度建立後，和碩貝勒成了一方面女真人之主，學者們稱他們為「主旗貝勒」或「領旗貝勒」。他們是每個旗的所有人，包括固山額真在內的長官理論上都是和碩貝勒所有的。和碩貝勒與固山額真有著主僕或君臣的關係。

在八旗制建立後，甚至到努爾哈齊當上後金國大汗的期間，清代官方書檔中都沒有明確的記載說明八旗「主旗貝勒」的詳情，幸虧同時代被後金扣留的朝鮮人，他們親眼看到了後金八旗軍隊，記錄下了當時的實況。例如李民寏在《柵中日錄》裡寫了：

……胡語呼八將為八高沙（按即八固山，亦八旗意），奴酋（按指努爾哈齊）領二高沙。……貴盈哥（按為古英巴圖魯之音轉，指代善）亦領二高沙。……餘四高沙：曰紅歹是（即皇太極）、曰亡古歹（即莽古爾泰）、曰豆斗（即杜度，努爾哈齊長孫）、曰阿未（即阿敏，舒爾哈齊之子）。

李民寏指出了「主旗貝勒」的人選，但仍未確說何人主領何旗。後來另一位朝鮮人鄭忠信從後金回國，他在呈送給政府的報告中，提到滿洲貴族們主領的旗色：「……其兵有八部，一部兵凡一萬二千人，八部大約九萬六千騎也。老酋（即努爾哈齊）自領兩部，一部阿斗嘗將之，黃旗無畫；一部大舍將之，黃旗畫黃龍。貴盈哥將二部，一部甫乙之舍將之，赤龍無畫；一部湯古臺將之，赤旗畫青龍。洪太主（即皇太極）領一部，洞口魚夫將之，白旗無畫。亡可退（即莽古爾泰）領一部，毛漢那里將之，青旗無畫。酋侄阿民大主（阿敏臺吉）領一部，其弟者達哈將之，青旗畫黑龍，酋孫斗斗阿古（即杜度阿哥）領一部，羊古有將之，白旗畫黃龍。」

綜觀李民寏與鄭忠信的記錄，當時滿洲主旗貝勒應該是：

正黃、鑲黃二旗主旗貝勒為努爾哈齊

正紅、鑲紅二旗主旗貝勒為代善

正白旗主旗貝勒為皇太極

鑲白旗主旗貝勒為杜度

正藍旗主旗貝勒為莽古爾泰

鑲藍旗主旗貝勒為阿敏

皇太極繼任後金國汗之後，由於史料記事增多了，記敘的又較為清楚，就在《清實錄》一書中便可以看出實況為：

鑲黃旗主旗貝勒為阿巴泰

正白旗主旗貝勒為多鐸

鑲白旗主旗貝勒為多爾袞

正紅旗主旗貝勒為代善
鑲紅旗主旗貝勒為岳託
正藍旗主旗貝勒為莽古爾泰、德格類
鑲藍旗主旗貝勒為阿敏、濟爾哈朗

天聰年間，朝鮮人也有到瀋陽的，事實上他們國家的人質就住在瀋陽，因此也有人報告政府這方面的情形，他們記載了當時的正黃旗主旗貝勒為皇太極，《清實錄》中因為敬諱御名沒有明說而已。另外在鑲黃旗方面他們提到豪格。豪格是皇太極的長子，阿巴泰是一味巴結皇太極的兄弟，他們與皇太極同為二黃旗的主旗貝勒是可以理解的。正紅旗與鑲紅旗在朝鮮史料裡分別增加了薩哈廉與杜度，這是岳託得罪後才又歸屬杜度的。鑲藍旗記上濟爾哈朗，則是阿敏被整肅死亡之後的事。

總之，從以上的表列中可以看出最大的變化是兩黃旗由皇太極及其一黨人主理了。也許大家認為努爾哈齊死後皇太極既然繼承了大位，兩黃旗歸屬於他也是合理的；可是這其間還有一段不為人知的祕史，應該加以敘述。

努爾哈齊晚年的寵妃是阿濟格、多爾衮、多鐸三兄弟的生母。這三位兄弟當時年齡很小，沒有分府獨立的能力，是所謂的「未分家子」。按照滿洲習俗，未分家子是可以分得父親財產的。

努爾哈齊在死前確實把產業分成了四份，一份留給自己，其餘三份分給了阿濟格等三兄弟。努爾哈齊的產業是兩個黃旗，所以分給阿濟格三兄弟的當然是黃旗的屬下所有人及產業了。

阿濟格、多鐸、多爾袞三兄弟分得的是黃旗也可以從滿洲文的史料中得到證實。天命八年（一六二三），創製滿洲文字的文臣額爾德尼因私藏金珠事發，努爾哈齊判了他死刑。處死前努爾哈齊對額爾德尼說：「你原是多鐸阿哥屬下的人，為何越旗向八旗貝勒們求援呢？」可見額爾德尼是多鐸產業下的屬人，而額爾德尼傳記中很清楚的記述他是正黃旗屬下人，顯見多鐸從他父親處分得的是正黃旗的一半。

努爾哈齊生前領有正黃、鑲黃兩旗，顯然是八旗中的精華部分，力量之強，財富之殷，一定勝過其他各旗。很多元老重臣像費英東、額亦都、噶蓋、希福等等，都是兩黃旗人。有朝鮮人說，努爾哈齊臨終前交代汗位讓多爾袞繼承，並以大哥代善攝理政務。不過當時多爾袞才十五歲，實力不能與皇太極相比，而自己的母親，也是努爾哈齊老年的寵妃又被皇太極等人逼著殉葬了，理由是這位寵妃「有機智」，留下她來恐怕「後為亂階」，看樣子這是與政爭有關的。皇太極是個「英勇超人，內多猜忌」的人，他既能「奪立」，又能聯合其他和碩貝勒逼殉庶母，要想從幾個小弟手中調得兩黃旗，應該是輕易可得的事。在八旗制度之下，直系血親調旗也是可以的，如黃、白、紅三色旗始終在努爾哈齊一家手中。藍旗原屬舒爾哈齊，所以其子阿敏、濟爾哈朗一直是主旗貝勒，等阿敏犯罪死後，皇太極才把同父異母弟德格類等滲透進入藍旗。皇太極與多鐸、多爾袞等兄弟換旗，在制度上是行得通的。

此外，也是很重要的，在努爾哈齊時代，漢化程度已經日深，黃為正色、黃為皇家專用之色的一些觀念確已被他們接受了。努爾哈齊曾經在攻克瀋陽後用「黃傘」，其後又有用「捺過印的黃色敕書」賜將領等事，尚黃是風尚。皇太極得大位之後，為了「打點皇帝之規模」，當然必須領有黃旗，為黃旗的主旗貝勒。

13 面臨內外難題

努爾哈齊死於天命十一年（明天啟六年，一六二六），第二年明朝的熹宗天啟帝也去世了。兩年之中，兩大對抗的集團都更換了新人領導，同樣的雙方都面臨著一些嚴重的難題。明朝主要的是流民反抗的活動已蔓延到了全國，加上對東北滿洲人戰爭的節節敗北，真是內外交攻，政權岌岌可危。後金遇到的難題既多又複雜，可以分以下幾點作扼要說明：

皇太極表面上得到大小貝勒的支持登上了汗位，可是從大家發誓的言詞中可以看出，所謂「上敬諸兄，下愛子弟」實際上是對諸貝勒作了擁戴後的報償，就是作出對大家尊貴地位的不侵犯保證。又說兄弟子侄若「微有過愆」，也不會「削奪皇考所予戶口」，這是對大家既得經濟利益的保證。眾貝勒則對皇太極表示要「忠心事上」，「守盟誓，盡忠良」，不能「心懷嫉妒，將不利於上者」，可見當時有人有「嫉妒」之心，甚至有「不利於上」的危險行為。事實上，自從努爾哈齊在晚年推行八家共治的政策之後，四大貝勒按月分值，輪流執政。皇太極年紀不大，實力也不是最強，現在當了大汗，有人「嫉妒」，事屬難免。同時八旗制是八家各自為政，互不統屬，為了擴大自家的權益，相互爭奪是常態。皇太極在初登汗位之時，常遇到其他貝勒「掣肘」之事，有人看到他的處境，說出「雖有一汗之虛名，實無異整（按與「正」字同意）黃旗一貝勒也」。這是政體上他面臨的難題。

後金的經濟也遇到很大的困難。自從努爾哈齊揮兵遼東，取得眾多城堡、廣大土地後，半狩獵半農耕的滿洲人進入了漢族發達的農業區。為了解決八旗兵丁與投降人口的糧食問題，努爾哈齊曾經推行過「計丁授田」的政策。當時怕被征服的眾多漢人反側，把他們從自由農民降為農奴，因而大大的損害了漢人在生產上的積極性，造成糧食供應不足的大問題。加上明朝與朝鮮對後金封鎖貿易、禁運物資，使得後金發生「銀兩雖多，無處貿易，是以銀賤而諸物騰貴」的現象。遇到天災，更是可怕，當時人說：「國中大饑，斗米價銀八兩，人有相食者。」皇太極當上了大汗，經濟問題勢必要設法解決，特別是漢人農奴的問題。

談到漢人，還有一些更嚴重的難題。努爾哈齊時代曾以大屠殺的手段解決漢人反抗的活動，因而激化了民族的矛盾。漢人有從事武裝起事的，有逃亡避禍的，有暗殺滿人的，有到處下毒製造社會不安的。滿族掌權的當然施以更重的民族迫害，加以報復，以致形成了可怕的社會問題。同時這種民族矛盾也使生產萎縮，糧食銳減，商人絕跡，經濟上形成了窘困，這對人民生活與軍事行動都有嚴重的影響。在皇太極上臺之初，大多數八旗人家都感受物資奇缺的不便與痛苦，被奴役的漢人生活就更苦了。皇太極必然需要調整政策，糾正努爾哈齊時代的失誤。

滿洲人靠戰爭打殺起家，努爾哈齊帶領兄弟子侄統一了大部分女真，攻下了不少明朝的城鎮，不過他們的武器裝備、戰略思想還是落伍的。例如武器只是弓箭、雲梯、騎兵等等，不少大城的攻陷全靠詐術與內應的支持。遇到真正堅固的城池與不受他們誘騙的將領，八旗兵就很難取勝了。像寧遠、錦州等戰役，都是很好的例證。皇太極即位後，他非常了解日益膨脹的八旗兵力如果不向外發展，內部必將發生鬥爭。遼西寧遠、錦州等山海關外八城如果不能取得，不但無法進一步攻打明朝，更談不上入關統治全中國，就連已佔領的遼東地區恐怕也不能長治久安，所以他在對明朝的軍事策略上，不得不重新計議，像武器要不要改善？繼續以人海戰去硬拚還是以守勢來先給八旗兵作些整補？

後金汗國當時還面臨另一個具有戰爭威脅的對象就是蒙古。儘管在努爾哈齊時代已經用盟誓、通婚、宗教、戰爭種種手段，與部分漠南蒙古建立了親善關係；可是察哈爾部的林丹汗卻始終與後金為敵，他自命是成吉思汗的裔孫，看不起濱海的小酋努爾哈齊，甚至致書給努爾哈齊的時候還公開表示明朝的廣寧是他的勢力範圍，不准八旗兵去攻打。林丹汗之所以如此霸道的對待努爾哈齊，實際上是因為他做了明朝的打手，明朝想用「以夷制夷」的政策，每年送給察哈爾「撫賞金」八萬一千兩，利用他們來牽制滿洲，因此後金汗國在南向發展途中增添了察哈爾蒙古這個後顧之憂。皇太極當了大汗，林丹汗的問題也必須設法解決。

朝鮮一直與明朝有著封貢的關係，視明朝為君父之國，薩爾滸山戰役他們也派過軍隊來參戰，確實是後金國的另一個後顧之憂。皇太極主政後，究竟是以和平方式來牽制朝鮮，還是以戰爭手段來征服朝鮮，也成了後金新統治者的戰略之一。

以上這些難題，只是犖犖大者，都是需要皇太極以自己的才能與智慧來解決的。

14 調整治漢政策

努爾哈齊取得大片遼東土地，降服眾多漢族人口之後，曾採用籠絡與高壓兩種政策，希望能順利的解決統治漢人的問題。可是民族事務極端複雜，而漢人又有傳統的夷夏之防，加上遼東漢人由自由民降為農奴，生命毫無保障，所以不斷的發生武裝反抗與逃亡等事。努爾哈齊又過分自信八旗的力量，認為武力可以解決一切問題，於是以暴力大肆的剝奪漢人的勞力，甚至以大屠殺來消滅反抗的漢人，結果在他死亡之前，後金汗國出現了社會生產萎縮、人民生活困難、軍事進展遲緩、政局動盪不寧等現象。皇太極繼承大汗之後，當然全力先來解決這燃眉之急的難題。

天命十一年（一六二六）九月初五日，皇太極即位後第四天，就頒佈了如下的一項命令：

治國之要，莫先安民。我國中漢官漢民，從前有私欲潛逃，及今奸細往來者，事屬已往，雖舉首，概置不論。嗣後惟已經在逃，而被緝獲者，論死。其未行者，雖首告亦不論。

這一法令很清楚的是對逃亡的漢官漢民，頒佈了赦免令，對以前以叛逃與間諜名義動輒大開殺戒的殘暴政策作了調整，這當然對遼東佔領區內的漢人有安定民心的作用。又過了三天，皇太極再頒佈另一項重大的法令，這是有關改善漢人社會地位的，要點有：一、漢人今後可以「專勤南畝，以重本務」，停止他們去築城等過重勞役的工作；二、今後在社會上「滿漢之人，均屬一體」，凡審判罪犯，承擔差徭公務等事，不得有差別待遇；三、不准諸貝勒及其下人，對屯莊中漢人勒索擾害。

不僅如此，第二天皇太極再頒佈第三道命令，規定：

按（官員）品級，每備禦止給壯丁八、牛二、以備使令，其餘漢人，分屯別居，編為民戶，擇漢官之清正者轄之。

原來是「漢人每十三壯丁，編為一莊，按滿官品級，分給為奴」，漢人根本沒有多少自由。現在由於這道命令，把大約百分之四十的莊屯壯丁分撥了出來，解放了他們「奴」的身分，編為民戶，成為自由人了。雖然不是全部漢人都得到解放，但這種措施是有嶄新意義與深遠影響的。降服的漢人中不但有不少由奴僕、隸民變成了自由農民，而經濟生產的積極性也大為提高，這對糧食不足、生活困難等等問題的解決都有幫助。同時對日後明軍的歸降也有極大的號召力。

皇太極後來更進一步的給降服漢人以人身保障權，他在天聰五年（一六三一）重新修定與頒佈《離主條例》，讓後金國內的奴隸與奴僕對他們的主人有權進行控告，經過審訊，如果情形屬實，主人按律治罪，告發的奴隸可以核准離開，得到自由身分。尤其該條例的第六項規定滿洲貴族與各級官員不能擅殺自己的奴隸，不得姦淫屬下的婦女，這些條文確實限制了滿洲貴族以前無法無天的行為，漢人在後金汗國裡也因此得到更多方面的保護。

還有逃人的法令在努爾哈齊時代也是嚴厲殘酷不堪的，凡人逃跑，一經逮捕，格殺毋論。皇太極即位後，如前所述先宣佈既往不咎，對日後想逃的如未付諸行動，雖有人揭發，也不論罪。這種作法在當時已經使得「漢官漢民皆大悅，逃者皆止，奸細絕跡」了。不料皇太極後來更放寬對逃人的處分，甚至允許漢人逃跑，不予治罪，但是既逃的人不許再返回。也就是讓漢人有選擇在後金與明朝所轄地區內居住的自由。

皇太極在調整治漢政策上做得更成功的是，他們竭力的禮遇漢族官員。在他父親努爾哈齊時代，投降的漢官常被滿洲貴族嘲笑、辱罵，甚至毆打。漢官的財產被滿人侵取；官死後，其家人也都淪為滿洲貴族的奴隸，漢官一家人經常受凍挨餓，每每典衣賣僕來解決生活問題。

皇太極當了大汗之後，改變政策優禮漢官。他量才授官，充分信任。對於早年歸降的都予以「恩養」、重用，廣泛的聽取他們的施政意見，只要是有益的通常都准予施行。遇到八旗官員的反對或掣肘，他都會出面協調。他知道「破格隆才，誠心受諫」才能成就大事業，因此像范文程、寧完我、王文奎、佟養性、陳延齡等等漢官都成了他的心腹大臣。另外，為了招攬更多的漢官來歸，他又制定了一些具體的政策，例如明朝現任官來降的，子孫世襲父職；率眾來歸的明官，根據人數多寡，授功授職。其他若有人民殺了官吏來降的也以功勞大小授予官職。

來降的漢官，不分職位高低，「無不養恩之」，給他們衣、食、住房，甚至妻室，還有特別獎賞與不斷的宴請。皇太極認為，「惟多得人為可喜耳。金銀幣帛用之有盡，如收到一、二賢能之人，堪為國家之助，其利賴寧有窮也！」

皇太極禮遇漢官有時作法過份，令滿洲貴族都心生不滿。有人發牢騷說：

> 昔太祖（按指努爾哈齊）誅戮漢人，撫養滿洲。今漢有為王者矣，有為昂邦章京矣。至於宗室，今有為官者，有為民者，時勢顛倒，一至於此！

然而皇太極的改善漢民生活，禮遇漢官，並非毫無效果；相反地，他得到不少回報。漢官中有人心悅誠服、感激涕零的。有人說：「似此豢養之恩，雖肝腦塗地，實難報稱萬一也。」足見他的政策非常成功，不但後金政權裡的漢官為他實心出力，漢民為他拚命生產，而且對腐化、不公的明朝政壇上的官員，也產生了吸引力，有不少人聞訊後嚮往來後金工作生活了。

15 開始深度漢化

努爾哈齊時代儘管已經「沾染漢俗」，在汗位繼承方面想用漢人的立嫡立長制度，在大汗用色方面以黃為正色，張黃傘、在黃紙捺印作文書、他自己領有二黃旗等等；不過當時各種制度尚屬草創，他自己又仇恨漢人，因此具體的「漢化」政策根本談不上。

皇太極是個傾心於漢族文化的人，他不但不以狹隘的心態對待漢人文化，相反地，他是以寬廣的心胸學習、借鑑漢人文化，特別重視漢人的政治經驗。

天聰三年（一六二九）四月，他命令設立文館，任命了一批文臣分兩班在其中服務；一班負責翻譯漢文典籍，一班每日記注本朝政事。前者是想通過漢人的古書汲取過去寶貴歷史教訓，後者則是由當時行政記事中看出執政的得失。這些都是為後金汗國推動各項改革做思想與實質上的準備。

在翻譯漢文書籍方面，文館的秀才王文奎就向他說過：「帝王治平之道，微妙者載在《四書》，明顯者詳諸史籍。」他並建議皇太極要加以吸納，「日知月積，身體力行，作之不止」。另外一位漢官寧完我後來也向皇太極說：帝王「如要知正心、修身、齊家、治國之道理，則有《孝經》、《學庸》、《論孟》等書；如要益聰明智識，選練戰功之機權，則有《三略》、《六韜》、《孫吳》、《素書》等書。如要知古來興廢之事跡，則有《通鑑》一書」。寧完我認為可以從上述諸書中汲取良法美意，解決施政中的各種難題。由於皇太極重視漢人文化，在他執政期間還翻譯了遼、金、元各朝的正史及《三國演義》等等的漢文書籍，以作治國理政的參考。

皇太極從漢官建議與漢文翻譯的中國古書中，知道治國「以人才為本」，有了好的人才佐理，「才能穩坐江山」，而「金之兀术、元之世祖，皆能用漢人以成事業者也」。同時他也了解發現與使用人才的途徑有推薦、考試、自薦等等。天聰三年，他下達命令，要大臣們積極推薦人才；他說：滿、漢、蒙古各族人中，具有謀略可勝任軍、政職事的人，你們大臣將所見的寫報告來，我可從中選任。天聰九年也下過類似的命令，要大臣們推薦有「深知灼見、公忠任事」的人，以備他任用。選拔人才常有囑託、親故關係、互相標榜，甚至營私結黨的弊端，所以後來又制定了「功罪連坐法」以防止奔競、取巧的不實薦舉。同時推薦的人數畢竟不多，因此在天聰三年，皇太極又首度舉辦了漢人行之已久的科舉考試。這一年的九月初一日，正式舉行考試，參加的滿、蒙、漢各族知識分子好幾百人，結果錄取了二百位。這次考試皇太極下令不分民族、不論地位，凡有實學才能的都可以參加，所以他允許他的屬下及諸貝勒手下的奴隸，還有在滿洲、蒙古家為奴的人，都可參加考試，一經錄取，就可以從原來的奴隸地位升格出來，免除為奴的身分，按錄取的等級獲得獎賞和優免差徭，並賜給緞布物品，然後等待錄用。天聰八年，在皇太極的指示下，又舉辦了第二次科舉考試，結果得一等十六人，二等三十一人，三等一百八十一人，總計錄取二百二十八人。後金汗國辦科舉，不論門第，不分民族，不論出身，唯才是舉，實在難得；不僅有公平、首創的意義，同時也使後金得到大批人才，這對鞏固當時的政權及推動滿族社會的發展，都具有重要的實質作用。

皇太極確實是個憐才愛才的君主，他對於自薦的人也十分重視，當時有漢族生員劉其遇、劉宏遇久未得官，向他寫了報告自薦。皇太極命范文程考核他們，結果錄用了劉宏遇，也免去了他們兄弟二人的部分徭役。

皇太極不但用漢人方式選錄人才，他更了解這種治標的方法不夠，還應該進一步的培育人才才好，因此他在天聰五年降諭說：「朕令諸貝勒、大臣子弟讀書，所以使之習於學問，講明義理，忠君親上，實有賴焉。」他並規定：「自今凡弟子十五歲以下，八歲以上者，俱令讀書。」在後金汗國做官的漢人非常讚賞皇太極的這一政策，紛紛上書喝采支持，其中胡貢明的報告最為具體，他說：

皇上諭金、漢之人，都要讀書，誠大有為之作用也。但金人家不曾讀書，把讀書極好的事反看著極苦的事，若要他們自己請師教子，益發不願了，況不曉得尊禮師長之道理乎！以臣之見，當於八家各立官學，凡有子弟者，都要入學讀書。

胡貢明又建議聘請「有才學可為子弟訓導者」為老師，教學內容「小則教其灑掃應對進退之節，大則教其子、臣、弟、友、禮、義、廉、恥之道」。他的上奏得到皇太極允准，這就是清朝八旗官學的由來。

在皇太極執政時期，最深度漢化的事是仿照明朝制度設立六部。後金汗國的政權體制基本上是沿襲以八旗制為特點的體制；原本是一個軍事制度來代替國家行政機構，以軍職的旗主兼管行政事務與社會生活。從上層的統治人員到下層掌權的小官，幾乎都是滿族人，政府權力可以說漢人不能分享。可是後金取得大遼東地區後，佔領區中被統治的大部份是漢人，原有的八旗制不能適應時代的需求了，改制勢所必然。

天聰五年（一六三一）八月，皇太極在設立文館後不久，下令仿明制設六部，使國家行政機構更趨於完善。六部就是吏、戶、禮、兵、刑、工六個中央主要執行政令的單位，明確分工，提高辦事效率，也藉以集權中央，增高皇權。明朝的六部直屬皇帝，皇太極時代因八家共治仍在盛行，一時全部改革，勢必不能，因此當時的各部不設尚書，由八旗主旗貝勒分別掌理部務，下設承政、參政各官，以滿、蒙、漢各族人擔任，這也做到了利益由各族人分享的目的。建議設立六部最熱心的人是寧完我，他向皇太極上書說：「我國六部之設，原是照蠻子家（指明朝）立的，」承認這是「金承明制」。又說：「使去因循之習，漸就中國之制。」也表示後金政體有些問題，現在逐漸仿行「中國之制」。還有他一再強調，雖仿行漢制，但是「有一代君臣，必有一代制作」，明朝制度也不必全盤採用，應該「參漢酌金」，使金國施政得以順利進行。總之，皇太極設六部這項政治體制改革，確是女真人政治體制「漢化」的一個開端。

皇太極設六部等措施是滿族人深度漢化的開始，但這類仿行漢人制度並不是由他創造。早在遼、金、元時代，所謂「異族入主」的時候，政體就有照中國行事的。皇太極設六部時並設滿蒙漢各族官員，在遼金元時代也有先例，正如清朝入關之後，做中國主人時，中央官員多滿漢並設，也是有其歷史淵源的。

皇太極即位不久，便調整治理漢人政策，設文館、六部，辦科舉、官學，在在表示了他對漢人文化的傾心仰慕，也說明了他有遠大眼光能順應歷史潮流。他的目的不僅是安定政權，增高皇權，同時還有消滅明朝，主宰中國的長遠目標，正如寧完我說的：「日後得了蠻子地方，不至於手忙腳亂。」

16 與明朝議和

皇太極穩定了繼承以後八旗貝勒的權力鬥爭局勢，又籠絡、收買了降順眾多漢人官民的心，現在著手研究對付強鄰明朝、蒙古與朝鮮的難題了。

究竟先解決那一方面的問題呢？皇太極認為明朝國力仍很強大，硬拚是不切實際的。所以他說：「處南朝（按指明朝）之大計，惟講和與自固二策而已。」意思是先通過「講和」爭取時間來「自固」，將來再等待有利機會攻打明朝。他的決定可能與以下事有關：一是漢人的建議，如岳起鸞說：「我國宜與明朝講和，若不講和，則我國人民，死散殆盡。」二是後金自己面臨的情勢，如努爾哈齊死後引起的政局不安，國內經濟上出現的困難及朝鮮與毛文龍軍隊聯合所產生的嚴重後顧之憂，使得皇太極不得不用議和來作為「緩兵之計」。

正好在努爾哈齊去世之後，明朝寧遠巡撫袁崇煥派了一個弔唁團到瀋陽來，同時也為皇太極的登極恭賀。雙方表現極為友好。明方代表團在瀋陽勾留了一個多月試探後金。皇太極後來指派專人護送他們回寧遠，並帶去致袁崇煥的書信，說明有議和的意向，希望早日進行和談。袁崇煥也想利用和談，爭取一段時間，趕築以錦寧為中心的防線，以便日後反攻，收復失地。明朝與後金的和談就這樣展開了。

可是和談的進度很不理想，皇太極寫給袁崇煥的信直到派去的專人回瀋陽時才知道「不便奏聞」，因為信中把大明國與大滿洲國並寫，袁崇煥也因此「不遣使，亦無回書」。皇太極雖對袁崇煥的態度與回應甚為不滿，但是他仍然以和談來作手段，以爭取時間並掩護其他行動以成就「大事」。他一邊與代善等三大貝勒商討和談的條件，一邊則計劃遠征朝鮮的軍事行動。天聰元年（一六二七）正月初八日，皇太極派出大軍進攻朝鮮，但也遣使到寧遠致書袁崇煥，以示對和談的積極態度，這次他在信中提出三大條件：一、強調明朝多年來對後金的種種欺侮，要求明朝承認以往的行事為非，不合公理正義；二、要求今後以山海關為界，明退入關內，後金據有關外；三、明朝以金十萬兩、銀百萬兩、緞百萬匹、布千萬匹為和好之禮。以後每年雙方互送禮物，明朝送金一萬兩、銀十萬兩、緞十萬匹、布三千匹給後金；後金則以東珠十粒、貂皮千張、人參千斤回贈明朝。袁崇煥本來就是私下用議和拖延而爭取時間，他根本沒有中央的允准，所以他給皇太極回信說：舊事不必「窮究根因」，「口舌爭競，致起禍端」。至於劃地為界，更屬不可行之事。如果後金有誠意言和，明朝在遼東喪失的「城池地方，作何退出？官生男婦，作何送還？」他反向皇太極要求歸還失地與人口。由此可見：皇太極上臺後與明朝的和談，雙方有著幾乎不能解決的難題，那就是一邊想要收復失土與人民，另一邊則認為遼河東西兩岸的土地與人民是天所賜予的，理當永久擁有，並視為發展國家的條件。和談要得結果，比登天還難。不過經過雙方使者來往，書信交換，皇太極似乎有了讓步的表示，他願意把自己後金國汗的地位放在明朝皇帝之下，但要比明朝諸臣為高。另外「和好之禮」也可以「酌減其半」。袁崇煥便把這消息報告了中央，可是朝廷由閹黨控制，有人反對議和，有人又以此為藉口攻擊政敵，所以後金的讓步根本沒有得到回應。加上在此期間，後金的大軍征服了朝鮮，打敗了毛文龍，魏忠賢及其黨羽都把這筆帳算在袁崇煥頭上，認為是「和議所致」，群起彈劾袁崇煥，同年七月間，袁崇煥被迫辭職，明朝與後金的和談也因此中斷了。

明天啟七年（一六二七），明熹宗病逝，皇位由信王朱由檢繼承，是為思宗，年號崇禎。思宗即位後，頗思振作，先將魏忠賢處決，並大治閹黨。又召回袁崇煥以兵部尚書銜出任薊遼總督。皇太極見袁崇煥東山再起，重回遼東，認為和談事出現轉機，於是在天聰三年（崇禎二年，一六二九）正月，以弔唁天啟皇帝之喪為名，派出白喇嘛等人到寧遠，並祝賀新君即位。當然再度表示仍有和談意願。不過，此時袁崇煥有著此前被彈劾的警惕，同時他又有「五年復遼」的雄心，所以對後金的和談態度不像以前積極，只作敷衍了事。其實這次皇太極又進一步表示了誠意，他竟宣稱願意不用「天聰」年號，改奉明朝正朔，做一個有主權的明朝屬邦。可是當時明朝中央正是東林黨人再得勢，忙著清算鬥爭閹黨，而在一片「振作」的氣氛中，朝臣多認為與後金和談是重蹈歷史上宋金議和的覆轍，是賣國行為。在「以和為辱」的輿論下，舉國上下多忌諱和談，袁崇煥也不例外，因此，雙方和議根本無法推動。

皇太極見和談似無法達成，乃向察哈爾蒙古用兵，結果把蒙古勢力趕到西喇木倫河之外，後金兵也因此可以繞道明邊，不必由山海關即能通達到內地。第二年，皇太極親率大軍，分別由龍井關、大安口等處越過邊牆，趨遵化等重鎮，直迫北京，袁崇煥等將領分別從各地帶兵趕回援救京城，沒有想到明思宗中了後金的「反間計」，殺死了袁崇煥（袁崇煥被殺事將在以下章節中再論），明朝中央也無異是毀掉了一座抗金的萬里長城。其後皇太極在征伐華北各地時，採取與明朝地方官議和，他想以局部議和逐漸達成全面議和，像天聰六年征宣府、大同之役，皇太極與巡撫沈棨「刑白馬烏牛，誓告天地」，就是想對明朝地方勢力起分化的作用；可是地方官員事後多不敢上報，甚至還有被中央革職下獄的。「宣府議和」模式達不到預期的效果，皇太極還是鍥而不捨的在推動。例如此前天聰五年他寫信給錦州守將祖大壽說：「朕今厭兵革，願太平，故更以書往，惟將軍裁之。」次年又致書得勝堡參將等人稱：「講和之事，我已預告天地，汝果有愛民之心，宜速成此事，莫效遼東所為也。」

不僅如此，皇太極還希望朝鮮出面，「紹介其間」，他對朝鮮國王說：

貴國果以南朝為父母，以我為兄弟，王乃一國之主，不比南朝臣僚，懼彼南朝誅戮，不敢擅為擔當。王於父母兄弟之間，通情解和，力為主張，未為不當也。

朝鮮國王也將此信轉交了明朝，只是未得回應。還有皇太極也請蒙古代為向明朝轉達和意，蒙古首領曾向明思宗上書稱：

聞滿洲汗云，屢欲講和，南朝不允。……彼既有此言，皇上若憫小民之苦，釋守邊人之怨，許與滿洲和好罷兵，則民得太平，臣將守邊之人，亦蒙恩矣。

明朝的拒和也不是沒有原因的，因為皇太極邊和邊打，幾次入關，造成華北地區大動亂，無論是君是臣，都恨極滿洲，彼此無從議和。

崇禎十一年以後，雖然有兵部尚書楊嗣昌提議「陰主款議」與遼東的滿洲談和，全力消滅國內的流寇；但是御史、詹事們仍以為「以戰為高」，反對賣國，不能做「春秋恥之」親夷事。

崇禎十四、五年間，明朝局勢發生巨大變化，李自成、張獻忠的勢力大增，流民在河南、湖北等地取得大勝利，楊嗣昌也自殺身死，朝政大亂。而東北邊疆更出現不利情況，八旗兵攻陷了松山、錦州；洪承疇、祖大壽等人投降了清朝。這時明思宗認真的想到要與皇太極談和了，但仍諭令官員們暗中進行，「戒以勿泄」。皇太極也回應了和談事，並開列了條件，內容與過去提出的差不多。然而不久之後，思宗派人聯清之事被人發現了，引起「言路譁然」，崇禎皇帝不敢擔當，甚至對外否認自己牽涉到和談事件，明清之間由政府與政府間直接和談也就不了了之了。

17 第一次征朝鮮

朝鮮是明朝的屬邦，同時又因為他們深受儒學的影響，所以朝鮮政府一直視滿洲為蠻夷、野人或是虜賊。無論努爾哈齊在世時對他們如何拉攏，甚至對薩爾滸山大戰中被俘的朝鮮將官「待以賓禮，五日一小宴，十日一大宴」，朝鮮始終不肯背棄明朝這個「君父之國」，與後金建立正式關係。同時由於後金與朝鮮僅一水之隔，邊界的問題也很多，如兩國人民越界採參、捕獸，常起衝突。遼東土地被後金取得後，大量漢人逃亡朝鮮，並由朝鮮轉往中國。這種「逃人」在後金貴族的觀念中，奴隸的逃跑無異是財富的喪失，很令後金不滿。貿易問題也是雙方另外的一個衝突焦點，後金被明朝封鎖，物資非常缺乏，希望朝鮮能適時供應。朝鮮則以不能違反「父國」明朝的法令，礙難照辦；而邊界上的私商交易，經常高抬物價，以劣充優，缺斤短兩，欺騙後金政府與人民，這些作法，頗令後金氣恨。更使後金憤怒的是朝鮮撥土地、供糧食，讓明朝將軍毛文龍駐軍在皮島，牽制後金軍事行動，收容逃亡的遼東軍民，並不時出兵偷襲後金，成為後金南向明朝的最大後顧之憂。可是朝鮮國王李倧則對毛文龍說：「寡人與貴鎮，事同一家，心肝相照。」根本沒有把後金視為重要鄰邦。

後金八旗的領袖們都有一種共識：「毛文龍之患，當速滅耳，文龍一日不滅，則奸叛一日不息，良民一日不寧。」毛文龍也對明朝皇帝說過：「奴酋之恨臣掣尾，每轉恨於朝鮮之假地。」由此可知：後金攻打朝鮮，消滅毛文龍是勢在必行的。皇太極繼位後，又多了一些出兵的理由：如努爾哈齊死亡，明朝都「遣使來弔，兼賀新君即位」。而朝鮮「竟不遣一使弔問」，實在有違情理。另外，朝鮮發生內亂，先是武將李适、韓明璉逼光海君退位，擁其侄李倧為國王。後來李适與韓明璉又起內訌，李适被殺，明璉子韓潤等逃入後金，願為嚮導，請八旗長官揮兵征討。後金眾大貝勒都以時機難得，決意征討朝鮮。其時正值與明朝袁崇煥議和，因而明方不致興兵，而後金國內災荒嚴重，「斗米價銀八兩，人相食」。在這種種因素下，後金征討朝鮮的事拍板定案，付諸行動了。

天聰元年（明天啟七年，一六二七）正月初八日，皇太極命大貝勒阿敏，貝勒濟爾哈朗、阿濟格、杜度、岳託、碩託等，統領大軍三萬人征討朝鮮。臨行前，皇太極還特別聲明：此行既要問罪朝鮮，又有征剿毛文龍的重大任務，希望大軍能「畢其功於一役」。

正月十四日，後金兵渡鴨綠江，進逼朝鮮義州城，城內明兵一萬，朝鮮兵兩萬，實力本不算低；可是後金兵先用韓潤化裝入城，作為內應，而守城節度使李莞醉酒，士兵軍心不振，營伍廢弛，加上八旗用雲梯勇猛先登，因而很快的攻陷了城池，據說這一仗「數萬民兵，屠戮無遺」。毛文龍因天冷移駐皮島，逃過一劫。

第二天，阿敏與濟爾哈朗乘戰勝餘威，合兵東進，直逼定州，攻克之，守城的文武官員非降即死。其後郭山等城也被後金兵攻破，八旗兵進展迅速，真如破竹之勢。阿敏於是又帶兵渡江攻安州，由於朝鮮守軍「只知戰與死而已」，安州發生激戰，後金「萬騎駢進，雲屯雷擊，城中炮射，一時俱發。墜騎落壕，死者山積」。最後朝鮮兵還是因為「孤立無援，城陷人亡」。後金兵也損失很重，阿敏遂決定「駐軍安州，息馬四日」。正月二十五日，八旗兵再出發，次日抵達朝鮮舊京城平壤，「城中巡撫、總兵以下各官及兵民等，皆棄城走」，阿敏等未遇抵抗，即取得平壤。隨即八旗大軍渡大同江，於二十七日抵中和，阿敏派人與朝鮮中央聯絡，試探談和的可能性。

此時，朝鮮國王李倧已顯得慌張失措，雖召開廷臣緊急會議，但主和主戰雙方爭論不休。軍方想用攔截戰略阻斷後金來兵，但終未能實行。另外也想到請明朝派兵援助，但明朝當時也無能為力，袁崇煥確應毛文龍派兵，並進逼三岔河岸以牽制後金，同時又致書皇太極，促「急撤犯鮮之兵」，但幾乎沒有效果。結果李朝統治集團的貴族高官們，為了自保身家性命，「或入海島，或上山城，或稱扈衛，或除檢察，皆佔便安自全之地」，先行逃跑了。

阿敏駐軍中和時，已與朝鮮國王李倧有書信往來，但不得要領。二月初二日，阿敏再致書李倧，提出議和具體條件，包括要朝鮮斷絕與明朝的關係，尊後金為兄，「告天盟誓，永為兄弟之國」。三天之後，阿敏見李倧提出先退兵的要求，於是便再發動軍事行動，率兵佔領了黃州。李倧無奈，只好遣使來談判，阿敏則改和談條件為三項：一曰割地，二曰捉毛文龍，三曰借兵一萬，助伐明朝。當然這些都是李倧不能答應的，阿敏因而再進兵南下，在距江華島百里外的平山紮營。這時李倧一面攜王妃、子女逃到了江華島，一面再派出重臣求見阿敏議和。阿敏了解如果不以大兵壓境王京漢城，李倧很難就範，於是命令大軍前進，直趨漢城。在兵威恫嚇下，李倧終於備厚禮與阿敏的代表議和了。後金也派出劉興祚（一稱劉海）與巴克什庫爾纏於二月初八日前往江華島議和。

當時後金提出三大要求是一、永絕明朝；二、去明年號；三、告天盟誓。朝鮮對於與明朝斷絕關係認為萬萬不可。去明朝年號事也視事情或可「不書年號」。告天盟誓因李倧正在居喪期間，不能殺生，後來雙方妥協由李倧焚香、宰牲可不必參與。永絕明朝事最後也得到後金讓步，「不必得要」。由於雙方都有停戰之意，江華島的「江都盟約」終於締結。三月初三日，朝鮮國王李倧率領群臣與後金納穆泰等八大臣，焚書盟誓。雙方同意各遵誓約，各守封疆；今後彼此以兄弟相待，不以細故而起爭端，共享太平。這份「江都盟約」是平等的，是兄弟之邦間的締約。

阿敏認為這份盟約便宜了朝鮮，因為他自己未參與盟誓，因而他不予承認，並與岳託、杜度等貝勒發生不和與爭論。最後他命令「八旗將士，分路縱掠三日，財物人畜，悉行驅載，至平壤城駐營」，要求與朝鮮重訂盟約。

本來按照「江都盟約」，後金應該在告天盟誓後退兵的；可是阿敏卻違約不撤兵，反而縱兵搶劫，並要求重訂新約，實在野蠻無理。朝鮮王李倧無奈又無法，只好派王弟李覺去平壤，於三月十八日再與阿敏重開談判。後來阿敏與李覺殺白馬烏牛，設酒、肉、骨、血、土等物，按滿洲舊俗，焚香告天，再締和約，稱為「平壤之盟」。

「平壤之盟」與「江都盟約」不同處是阿敏在誓文裡規定朝鮮要按時送禮；對後金之尊敬應與明朝相同；不得對後金懷惡意或興兵；不得接納逃人，據為己有等等。很明顯的這已經不是平等的盟約，也不是兄弟之邦，而要朝鮮對後金像對明朝一樣的尊敬一事，實際上已有降朝鮮為屬邦的意味了。

皇太極即位後不到半年即對朝鮮用兵，並取得重大的勝利成果。對朝鮮而言，確實是一次嚴重侵略的行為，並給朝鮮的社會經濟與人民生活帶來很大的破壞與災難。然而對後金發展來說，卻是有著重大的助益與作用。因為後金藉著此次戰爭的勝利，化解了內部的政治危機，衝破了多年來明朝的經濟封鎖，解除了軍事上的後顧之憂，重振了八旗兵對明失敗的頹喪士氣。第一次征朝鮮對後金真是一場關係存亡的戰役！

18 消滅林丹汗

明朝末年，活動於東起黑龍江、西至阿爾泰山的塞外蒙古約分為三大部份，即遊牧區域在沙漠瀚海以南的內蒙古、瀚海以北的外蒙古，以及漠西的厄魯特蒙古。其中漠南內蒙古南鄰明朝，東接後金，地理位置十分重要。漠南蒙古中，又以察哈爾部實力最強，首領林丹汗也最具野心，一直想恢復其祖先成吉思汗的光榮事業，故其他蒙古諸部，甚至明朝、後金都不時的受到他的侵擾。

明朝對北方民族的政策，原本是以「東夷」（女真）對付「西虜」（蒙古）的，可是到滿洲興起之後，遼東情勢嚴重時，則改以「西虜」牽制「東夷」之策，聯絡漠南蒙古控制後金。由於林丹汗勢力強大，明朝每年便賜給他「撫賞金」八萬多兩銀子（一說數十萬），收買他來對付後金。可是林丹汗不得眾心，對漢南蒙古各部經常「興兵攻掠」，進行屠殺與掠奪，弄得各部離德離心。即使對給他「撫賞金」的明朝，他也「邀索無厭」，明朝如不加賞，他就侵襲內地。至於對後金的態度，林丹汗更是狂妄不堪。他曾經致書給努爾哈齊，自稱是「統四十萬眾的英主」，而藐視努爾哈齊是個「水濱三萬人」的小頭目，並公開發出軍事威脅，要後金就範。

皇太極繼承大汗後，知道林丹汗不但是一大威脅，同時也了解他一切事業的發展，林丹汗都是前進途中的障礙，所以非消滅他不可。因此在與明朝議和、征服朝鮮之後，即計劃進行征討林丹汗的日程與步驟。

在後金兵攻打朝鮮期間，皇太極得悉林丹汗對漠北蒙古興兵的消息，於是遣使向漠南蒙古的奈曼、敖漢、塞臣等部致書，揭露林丹汗的罪惡，以離間他們與林丹汗的關係。這些蒙古小部落一直受林丹汗迫害，現在得到皇太極來書，要求建立友好關係，當然求之不得，於是在天聰元年七月間，都「因察哈爾不道」，「叩求聖主福庇」了。皇太極對於他們的率眾前來歸附，非常高興，以隆重大典，歡迎他們，大宴賜物，竭盡所能。同時又與他們正式盟誓，斥責林丹汗「敗棄典常，罔恤兄弟」；後金一定對來歸的加以恩養，如違反誓言，上天必「奪其紀算」。奈曼等部貝勒瑣諾木杜棱等八人也對天發誓，若「聽察哈爾離間之言，背我而懷貳心者，天亦鑒譴」。奈曼等部的來歸，不但是皇太極「攝之以兵，懷之以德」的「征撫」政策的初步成功，同時也加速了林丹汗統治集團的崩潰。

天聰二年(一六二八)二月，漠南蒙古喀喇沁、鄂爾多斯等部，因不堪林丹汗蹂躪，組成聯軍十萬人與林丹汗大戰，雙方損失慘重。喀喇沁等部乃致書皇太極，請求發兵攻打察哈爾林丹汗。皇太極為爭取主導權，建議諸部先派人來瀋陽會商，然後出兵。同年七月，喀喇沁等部代表五百多人，同來遼東，大家談判成功，一起「刑白馬烏牛、誓告天地」，皇太極取得聯軍盟主地位，討伐林丹汗的聯軍因此形成。

九月初三日，皇太極以盟軍統帥身分，徵調歸附的科爾沁、喀喇沁、奈曼、敖漢諸部貝勒部下，「會於所約之地」，他自己則親率滿、蒙旗兵誓師西征察哈爾，騎兵所向無敵，一直把察哈爾敗兵追到興安嶺；十月中，皇太極始返回瀋陽。這次戰爭的勝利，鞏固了皇太極的盟主地位，也建立了蒙古歸附各部對後金的臣屬關係。

天聰六年(一六三二)三月，皇太極下令召集蒙古兵，再次率師遠征林丹汗。四月初一日，大軍出發，西渡遼河，經西喇木倫河、昭烏達等地，沿途蒙古各部兵紛紛來會，總兵力高達十五萬人。此次用兵的目的，皇太極明白表示：「一欲為我藩國報仇，一欲除卻心腹大患(林丹汗)。」林丹汗得悉皇太極率大兵來攻，驚恐萬狀，「遍諭部眾，棄本土西奔。遣人赴歸化城，驅富民及牲畜，盡渡黃河」。由於倉卒逃遁，「一切輜重，皆委之而去」。林丹汗率領一些部眾狼狽逃亡，皇太極也在木魯哈喇克沁地方停止追擊，分兵兩翼前進。左翼由阿濟格帶領科爾沁、巴林、扎魯特等蒙古兵，攻打宣府、大同邊外的察哈爾屬地。右翼由濟爾哈朗率領八旗兵直逼歸化城、黃河一帶。皇太極與代善、莽古爾泰二大貝勒繼續前進，後佔領歸化城（今呼和浩特）。左翼兵取得察哈爾部民後，又回師宣府、大同、張家口邊外，與明朝官員舉行地方性議和，進行貿易。六月初八日，皇太極率大軍自歸化起行，趨向明邊，沿途致書明朝地方官員，指責明朝非理不公之處，勸他們早日歸降後金，七月二十四日，皇太極回到瀋陽。

皇太極第二次親征林丹汗，歷時四十多天，雖然沒有徹底解決林丹汗問題，但察哈爾蒙古的勢力確實已遠離漠南本土，林丹汗的統治地位更是陷入崩潰瓦解之中，而皇太極與蒙古各部所建立的從屬地位，從此更進一步的加強了起來。

林丹汗由歸化城渡黃河西奔之後，率部眾往青藏地區逃亡，他的「臣民素苦其暴虐，抗違不往」的很多。原本他有十萬部眾的，「中途逗留者十之七八，又食盡，殺人以食。自相屠戮，奪取牲畜財物，相繼潰散」，可以說眾叛親離，潰不成軍。天聰八年，林丹汗逃至青海大草灘，出天花病死。一時察哈爾各部紛紛轉向投靠後金。皇太極也改變策略，將武力征討改為積極招撫。第二年，皇太極又命令多爾袞等貝勒，率領精騎萬人，迅速前往黃河河套一帶，收撫察哈爾餘眾，尋找林丹汗長子額哲等人的下落。多爾袞等在宣府水泉口招撫了林丹汗囊囊福金等人後，得知額哲及其母蘇泰太后的駐地，於是移師鄂爾多斯的托里圖地方，據說多爾袞以智慧招降了蘇泰太后及其子額哲，他利用了隨軍的蘇泰弟南楚出面，以親情喊話，感動了這位林丹汗遺孀，不費一兵一卒的解決了察哈爾的殘餘勢力，並獲得了蒙古歷代傳國玉璽，這個玉璽是國寶，上面刻有漢篆「制誥之寶」四字，兩邊各有一條龍紋，光氣煥爛。這件玉璽後來成為大家認為「天意有屬」的象徵，滿蒙漢人共同擁戴皇太極改後金為大清，稱皇帝的主要依據了。

皇太極在消滅林丹汗、統一察哈爾之後，為了維護勝利成果，又將他的次女嫁給了林丹汗長子額哲。又命濟爾哈朗娶林丹汗太后蘇泰為妻，長子豪格等人又娶了林丹汗小福金，構成了複雜的聯姻關係。第二年更封額哲為外藩親王，「位冠四十五旗貝勒之上」。使察哈爾蒙古完全溶入後金體系中，當年明朝、察哈爾、後金鼎足而三的局面消失，變成明金對峙了。其他明朝對後金的軍事與經濟封鎖，也因察哈爾的敗亡而衝破，難怪皇太極會說：「自古天下非一姓所常有，豈有帝之裔常為帝哉？」公然的要向明朝奪取政權了。

19 建立盟旗制度

皇太極在征伐察哈爾蒙古、統一漠南大地之同時，意識到武力征服不一定能持久，通婚、盟誓也是一時的辦法，要想永久統治蒙古還得靠法律、制度才能奏效。

天聰三年正月（一六二九）皇太極先對臣服的科爾沁、敖漢、奈曼、喀爾喀、喀喇沁等蒙古部落發出命令，要他們今後「悉遵我國制度」，要蒙古人遵從滿洲制度，當然是有意以制度來控制與管理蒙古。同年三月，皇太極又派了專人到各部重申軍令，內容是：

爾等既皆歸順，凡遇出師期約，宜各踴躍爭赴，協力同心，共申敵愾，毋有後期。我兵若征察哈爾，凡管旗事務諸貝勒，年七十以下，十三以上，俱從征。違者罰馬百，駝十。遲三日不至約會之地者，罰馬十。……若征明國，每旗大貝勒各一員，臺吉各二員，以精兵百人從之。違者罰馬千，駝百，遲三日不至約會之地者罰馬十。……於相約之地，輒行擄掠者，罰馬百，駝十。

軍令中還規定若有叛逃的，則處以死刑。一般說來，這軍令中規定的義務是相當苛重的。天聰八年，皇太極趁著外藩蒙古來瀋陽朝賀元旦的機會，他又進一步提出「不遵我國制度者俱罪之」。這一次他為諸部蒙古制訂更詳盡的法條，例如：

凡蒙古王公貴族奪有夫之婦，配與他人者，罰馬五十四，峰駝五十。娶納此婦者，罰七九之數給原夫。凡奸拐有夫之婦逃離本主者，男女均論死，家產給原夫。各貝勒不查處，罰馬五十四，駱駝五峰。

這是掃除蒙古的陋習，陋習除了，當然便於治理。事實上漠南蒙古的內亂不已，主要原因是大家爭奪牧場、居民和財富。所以在同年十月，皇太極又派了大臣二人去蒙古，召集敖漢、奈曼、巴林、扎魯特、翁牛特、喀喇沁、土默特等部管事大小諸貝勒，在碩翁科爾地方集會，決定「劃分牧地」和「分定地方戶口之數」；「既分之後，倘有越此定界者，坐以侵犯之罪」。這樣一來，兼併、爭奪的事就可以避免了。這種措施是用行政手段劃分蒙古各貝勒所轄封地，封地上的牧民是貝勒的屬民。每個貝勒的封地有一定的界限，互相不能侵越。往來遊牧，必須彼此會齊，同時移動。每個封地上的屬民人數也是固定的，不能互相侵佔。皇太極定出這一套辦法，主要目的是使內蒙古有穩定的秩序，便利於滿族的統治。

為了加強對蒙古的統治，皇太極又想出另一種措施，就是仿照滿洲人的八旗制度，編立蒙古八旗。努爾哈齊時代，由於當時參加後金政權的蒙古人與漢人都比較少，因此投降的都混合編在滿洲八旗之中，後來遼東的大片土地征服及漠南蒙古的統一，蒙、漢降人日漸增多，因而有編立蒙古軍旗與漢軍旗的必要了。蒙古降人新編入旗，似乎在天聰三年就有了，當年編了二旗；這一年，皇太極率大軍征明，史書裡記隨滿洲八旗入關的，還有「蒙古二旗」兵，由此可見，當年或稍早就已經編立蒙古兵為二旗了。當時也有「蒙古右營」與「蒙古左營」的說法；後來又改稱為蒙古「右翼兵」、「左翼兵」。天聰九年，林丹汗的勢力全被消滅了，皇太極下令編審內外喀喇沁蒙古壯丁，規定除盲人和手足殘廢者外，凡年在六十歲以下、十八歲以上的都正式編入蒙古八旗。

「八旗蒙古」和「八旗漢軍」一樣，都是以女真人原有的八旗制形式組織成的外族軍團，這是在作戰形勢有長足發展，兵源、裝備有改善時逐漸產生的。這種外族軍團成立之後，仍然隸屬於八旗，因為八旗是國家統一的兵制。同時原先混編在滿洲八旗中的蒙、漢族人，仍有一些存在於滿洲八旗中的。

通過蒙古編旗，皇太極的政府可以直接掌控蒙古的戶口，也增加了從蒙古來的兵源與稅收。基於這些可觀的利益，皇太極後來又把旗的組織推廣到整個蒙古地區，在內蒙古部份，陸續又編了四十九旗，每旗設札薩克（蒙古語原意為「法令」、「條例」，後引伸為「執政者」或「掌管法令的人」。現作「旗長」解）一人，總管旗務。札薩克兼有世襲貴族和受清朝任命為官吏的兩種身分。襲爵襲職或是革爵罷職的權力完全操在皇太極之手。後來又在清政府的主導下，在各旗之上又設盟的組織，即把鄰近的若干旗組織為一個盟，內蒙古地區四十九旗，共設哲里木、卓索圖、昭烏達、錫林郭勒、烏蘭察布、伊克昭等六盟。盟長由各族中威望較高者兼任。盟本來是蒙古部落的原有民族形式，皇太極再利用它來維持穩定秩序，使其變為實質，而受到八旗制度的嚴格約束。

皇太極初建盟旗制，其子孫一直延續使用，以分別治理蒙古諸部族，效果極為良好。不僅讓塞外歷來動亂局面得到安寧，對內外蒙古地區的社會、經濟與文化發展也有著促進的助益。康熙皇帝有一次說：「我朝施恩於喀爾喀，使之防備朔方，較長城更為堅固。」又說：「本朝不設邊防，以蒙古部落為之屏藩耳。」由此可知，皇太極的治蒙政策，實在是非常高明的，而且是影響深遠的。

20 繞道攻打明朝

天聰元年，當出征朝鮮的大軍剛回到瀋陽，皇太極得悉袁崇煥也利用後金對外戰爭機會，加緊修築錦州、大凌河、小凌河諸城，並在其周圍屯田耕種。他深知這些遼西軍事要地一旦修繕完整，將使後金無法順利征明，因此他立即下令，並親率大軍直指錦州。明朝在山海關外的防線以錦州、寧遠為重點，而環繞錦州左右修復的大凌河、小凌河、右屯等城又是護衛錦州的據點。同年五月初六日，後金大軍自瀋陽出發，十一日兵臨錦州城下，皇太極見勸說投降策略不生效，乃命兵分二路，各以雲梯等戰具，用步騎二軍輪番進攻。守城將領趙率教等以炮火、箭矢、滾石應戰，雙方大戰終日，死傷慘重，後金未能如願的攻陷城池。第二天八旗騎兵環城挑戰，明兵閉門堅守。最後皇太極再下令攻城，然仍無結果。如是者歷時十四日，皇太極無奈，只好留下部份軍隊繼續圍城，自己率領大軍去轉攻寧遠。寧遠城更非比他城，努爾哈齊曾在此吃過大敗仗，袁崇煥仍鎮守此城，要想攻克，談何容易。後金兵抵達時先遇到來援祖大壽等軍四千人，在寧遠城外即發生激戰，明兵有槍炮優勢，加上城上裝有大炮，因此皇太極的八旗兵雖冒死衝殺，但死傷甚重，無法攻下這座堅城。八旗兵的遊擊官覺羅拜山、備禦巴希等人均遭炮火射殺，連宗室貴冑濟爾哈朗與薩哈廉等人也中彈受傷。皇太極只得下令退兵，再集中力量進攻錦州，但仍無進展。時值六月，天氣轉熱，後金兵中暑者日眾，士氣也日漸低落。皇太極下令燒毀經明兵修復的小凌河等城，然後揮兵回瀋陽老巢。

袁崇煥等明朝將領以「憑堅城用大炮一策」再一次打敗了來犯的後金兵，雖然獲得不少人讚賞，但也招致朝廷中若干反對派的嫉妒，因而種下日後的禍因。皇太極等人則在此次失敗後汲取一些教訓，了解到多年來在遼東所用的一套戰術，如以騎兵衝鋒，瓦解敵人方陣；以弓箭手齊射，掩護步兵豎雲梯登城等傳統方式，對於裝備有火炮、鳥槍的堅城而守軍又不出戰的情況，根本毫無效果。所以他們想到應改變戰備、戰略，建立火炮兵種，利用騎兵動力神速的優點，對明朝實行長距離的奔襲等等新方針。當然皇太極與他的幕僚們更知道，一個卓越的軍事家，鬥爭的藝術並不僅僅限於戰場的廝殺，若能以智慧巧思取得勝利，達到目的，更是難能可貴。

皇太極發現寧遠、錦州與山海關，還有其他十幾座大小城堡，都是明朝以火器裝備的軍事據點，要想一一取得，實在很難。天聰二年，後金將察哈爾蒙古勢力趕出西喇木倫河之後，有了轉機，他的想法也有了轉變。因為後金兵可以不經山海關防線而取道蒙古，由其他長城的關口入關，可以說得到了攻打明朝內地的新通道、新路線。另一個令後金振奮的好消息是，在天聰三年六月間，袁崇煥到皮島以十二條罪狀處斬了毛文龍，為後金解除了心腹大患。這些有利事件的發生，皇太極決定了征明的新嘗試。

天聰三年十月，皇太極親率十萬大軍，由喀喇沁蒙古首長作嚮導，從瀋陽出發，西北行經都爾鼻（今遼寧彰武）進入內蒙，其後即由喜峰口、大安口等處分別入塞。明朝在山海關以西各口未置重兵，城垣也頹落失修，因此後金兵順利入關，一連攻下馬蘭峪、漢兒莊、洪山口等邊城，合兵圍攻遵化。原駐防錦州的名將趙率教聞警，急馳入援，但遭敗績，而且陣亡身死。皇太極留兵防守遵化，自率大軍直奔北京。北京聞訊，立即戒嚴。袁崇煥也從寧遠到山海關，調集勁旅入關應援。他晝夜兼程趕路，於十一月初九日先抵薊州。皇太極則在三天後才到達，而且不與袁軍交戰，反而離開薊州西進三河、香河諸城，後駐營通州。袁崇煥則率軍尾隨其後，最後兩軍在北京廣渠門外發生激戰，北京城上放巨炮，後金兵乃退屯南海子。

袁崇煥入關時就有人散播他引導後金兵入關的流言，其後他又追隨後金兵前進，並讓後金兵直搗北京，未在薊州或張家灣、河西務等地作有效阻擋，更令朝野人士懷疑。在廣渠門外雖與旗兵大戰，但敵兵進犯到京師城邊，難免不引起輿論大譁，「崇煥召敵」的說法，連「崇禎不能不有所動心」。十二月初一日，崇禎以「議餉」為名，召崇煥等將官入北京見面，皇帝當面質問袁崇煥擅殺毛文龍及進京途中逗留不戰等事，崇煥一時無法分辯，崇禎乃下令將袁崇煥逮捕入獄。這消息傳出之後，軍心解體，部下軍隊走散的據說多達一萬五千多人，名將祖大壽也心灰意懶，率軍東奔。皇太極於是又發動攻勢，大敗明軍，滿桂戰死，黑雲龍、麻登雲等投降後金，北京危在旦夕。皇太極卻一反常規，不依諸貝勒請求繼續攻城，而下令退兵，他對後金貝勒們說：

城中痴兒，取之若反掌耳！但其疆域尚強，非旦夕可潰者，得之易，守之難，不若簡兵練旗，以待天命可也。

事實上，明朝為了保衛京師，發出緊急命令，要各地軍隊來救援，當時應召前來的將領有昌平的尤世盛、薊鎮的楊肇、保定的曹鳴雷、山海關的宋偉、山西的王國梁、寧夏的尤世祿、甘肅的楊嘉謨，另有從山東、河南、南京、湖廣、江西、福建、四川各地來的衛所軍隊，總數至少有二十多萬人，可以說調動了全國的軍隊。皇太極真要執意進攻北京，勝算也未必很大。因此後金領導人的戰略方針是不錯的。

還有一項事實也值得注意。即皇太極退兵返瀋陽後，後金兵仍駐守關內灤州、遷安、遵化、永平四城。但是經過明朝大軍的反攻，無一能守，全數又被明朝收復。真是「得之易，守之難」。皇太極當時戰略的正確，由此又得一證明。

上面所引「城中痴兒，取之若反掌耳」一段話是清朝宗室一位後代在乾嘉時代寫的，當然是讚美他的祖先有遠見、有謀略。文中「痴兒」是指明思宗崇禎皇帝，說這位糊塗君主竟笨到殺死了袁崇煥，自毀了一座禦敵的萬里長城。

21 計殺毛文龍、袁崇煥?

皇太極即位後，雖與寧遠巡撫袁崇煥議和，但他仍視袁為頭號敵人，特別是他父親努爾哈齊在寧遠一戰中慘敗，羞恨以歿，皇太極總是要向袁崇煥報復此仇。毛文龍在皮島聚兵，牽制後金的各項軍事行動，後金兵征朝鮮有一半原因是在藉這場戰爭一併消滅毛文龍的。可是朝鮮被打垮了，而毛文龍仍舊活躍的從事對後金的擾亂，這也令皇太極十分惱恨。然而這兩個使皇太極非常憎恨的人，竟在天聰三年（一六二九）下半年先後發生事故。毛文龍先被袁崇煥處斬，而袁崇煥之後被皇帝捉拿下獄，次年處死。不少當時與後世的人都認為這兩件事絕非偶然，而是皇太極用巧計令他們致死的。皇太極真有如此大的能耐嗎?現在先讓我們來看看有關的史料。

毛文龍原是李成梁的部下，是遼東的一個小武官。李成梁家族勢力衰落後，他投靠到廣寧巡撫王化貞麾下任遊擊。王化貞是閹黨，任職巡撫時與經略熊廷弼處處衝突，造成「經撫不和」的局面，最後因廣寧失守二人都下獄論死。毛文龍因後金兵攻佔遼東而逃往海島，招收逃散的遼東軍民數十萬人，組成軍隊，騷擾後金，成為八旗兵向遼西發展的後顧之憂。明朝因他建立了功勞，常給他封賞，先是總兵，後成左都督，最後當了掛印將軍，權位都高重了起來。不過他在皮島等地也做些不法勾當，尤其與魏宗賢等勾結作惡，頗令正人君子切齒。袁崇煥代表清流，曾被閹黨迫害，當然不滿毛文龍，而毛文龍又處處與他爭功，成為他事業上的最大競爭者，因此他們之間存在著極多矛盾。

當時或稍後社會上有一種流言，說皇太極利用袁、毛之間的矛盾，利用明朝與後金之間的議和機會，向袁崇煥提出要求，想借袁崇煥之手先殺掉毛文龍。

談遷的《國榷》中說：

（後金）陰通款崇煥，求殺文龍，而崇煥中其計不覺也。

計六奇的《明季北略》則記：

先是，降將李永芳獻策於大清主曰：兵入中國，恐文龍截後，須通書崇煥，使殺文龍，佯許還遼。大清主從之，崇煥答書密允。

谷應泰《明史紀事本末補遺》中也稱：

初，天啟間，崇煥撫遼東，遣喇嘛僧鎦南木座往建州主款，會罷歸；未就。至是再出，無以塞五年復遼之命，乃復為款計。建州曰：果爾，其以文龍頭來。崇煥信之。

另外在張岱的《石匱書後集》〈毛文龍〉中則記：

督師袁崇煥蒞事，適當女直主病死，崇煥差番僧喇嘛鎦南木座往弔，謀以歲幣議和。女直許之，乃曰：無以為信，其函毛文龍首來。

從以上的這些資料看來，毛文龍的死似乎是皇太極的巧計所致的。不過事實未必如此，因為這些傳說大多出自袁崇煥被殺之後，用來證實袁有通敵之嫌的。現存的明清滿漢文原始文獻中都不見此類的說法。袁崇煥派人去弔努爾哈齊之喪，只是為了探明死訊的確實與後金情況，並無「謀以歲幣議和」與殺毛文龍的條件說。再說，袁氏有心除去毛文龍似乎在崇禎元年定計的，當時他在北京與大學士錢龍錫談到毛文龍「可用，用之；不可用，殺之」。而袁崇煥殺毛文龍真正的原因可能與以下諸事有關：一、「所上事多浮，索餉又過多」，他向朝廷奏報駐軍二十萬，每年餉銀一百二十萬，「朝議多疑而厭之」。二、崇禎帝上臺後，頗有振作之勢，大清「閹黨」，毛文龍既結交魏忠賢，「崇煥效提刀之力」當然是可以理解的。三、毛文龍自視功高，囂張跋扈，也是他死因之一。袁崇煥列數他的罪狀十二條時，其中有欺君冒功、橫行一方、專制割據等等，認為不殺毛文龍，「這東江一塊土，終非皇上所有」。四、從現存的滿文老檔案中，我們可以看到毛文龍早在努爾哈齊時代就與後金有接觸了。皇太極登極後，魏忠賢被殺，朝鮮被打敗，他的後臺全都垮了，因而他對後金的聯絡更多了。單在他被殺的前一年，他就給皇太極寫過三封信，叛降的心意已逐漸表明，相信袁崇煥也會聽到傳聞。總之，毛文龍是個有問題的人物，但是袁崇煥殺了毛文龍確是一大錯誤，因為毛死之後，後金的勁敵消滅了，而遼東海上牽制後金的力量也散失了，更糟的是，毛文龍的不少部下不久後都投降了後金，尤其是孔有德、尚可喜等人，他們軍力頗強，且擁有火炮實力，他們的叛降無異是給後金增添極大的軍事與政治資本。而袁崇煥自己也因斬殺毛文龍種下了死亡的禍因，誠如明末史學家談遷說的：「袁氏身膺不當之罰，則殺島帥，適所以自殺也。」

至於袁崇煥之死，更是難以想像，一位愛國的傑出軍事家，不顧生死的為朝廷守邊，帶兵回京抵禦外敵，保衛皇城時，突然被逮捕入獄，不久處死，而且死得很慘。他是被「磔死」的，計六奇的《明季北略》中記述：袁崇煥被磔死（像似千刀萬剮一類的）時，傳聞「百姓將銀一錢，買肉一塊，如手指大，啖之。食時必罵一聲，須臾崇煥肉悉賣盡」。可見當時人民也憎恨他，好像他是死有餘辜的。袁崇煥的死亡，直到清朝入關後才漸露一些真象，那是清朝在修皇太極的《清太宗實錄》時談到袁崇煥是被《三國演義》中常用的反間計致死的，而施用這項計謀的就是皇太極，他把假造的袁崇煥通敵之事，借太監之口傳入崇禎這位「痴兒」皇帝耳中，崇禎信以為真，袁崇煥也因此下獄被殺。清朝康熙時修《明史》，也採用同樣說法，把皇太極用反間計之事公諸於世，總算為袁崇煥洗刷了沉冤。不過近代史家也有不太相信這一記事的，他們認為《太宗實錄》與《明史》是根據最早的《舊滿洲檔》與《滿文老檔》中記述寫出來的，而《舊滿洲檔》等原始材料是後來追記的，對袁崇煥被殺的時間也不正確，所以可信度有問題，可能是後世御用史官為吹捧皇太極的聰明才智而粉飾的文字。我個人倒覺得皇太極巧用反間計是有可能的（此事詳見以下專節），《舊滿洲檔》中有關的記事是否追記也仍有考證必要。然而袁崇煥的死確實與後金謀和，後金入侵等等事項有關。現在舉出數例，以作說明：一、崇禎皇帝繼位後，全力整頓內政，定「逆案」，以清除魏宗賢的閹黨勢力。不過「忠賢雖敗，其黨猶盛」。朝中殘餘分子仍多，伺機再起。在袁崇煥殺掉他們黨人毛文龍之後，皇帝「竟殊駭」，他們便開始向皇帝進讒言，陷害崇煥。事實上，在崇煥死後，朝廷要員作了大調整，宰輔錢龍錫、兵部尚書王洽下獄，李標休致，成基命去職，劉鴻訓遣戍，東林黨內閣全垮了臺，代之而起的是反東林的周延儒、溫體仁等人。所以袁崇煥的死亡有相當大的政黨鬥爭因素在。二、袁崇煥在擔任遼東重任之後，確實與後金進行過議和的活動，他也把這件事向皇帝報告過，並非私下活動。可是在當時環境下，從皇帝到人民都覺得與夷人談和是奇恥大辱之事，而大家都知道袁崇煥是議和的主持人或鼓吹者，因此也相信他與後金一定有著某種的特殊關係。到他殺了毛文龍之後，一般人對他的懷疑更多更大了，因為毛文龍常常擾亂後金，當然是和議的絆腳石。三、皇太極出兵繞道內蒙入關，袁崇煥雖派兵應援，但早期一直尾隨後金兵之後，即使到了京城附近也沒有設防阻擋，直到八旗兵攻北京城時，袁崇煥才與金兵激戰，難免讓人聯想到逼迫明朝皇帝訂「城下之盟」的嫌疑。四、後金兵入關攻打北京，戰火波及京東數州縣及北京周圍地區，這些地區是明朝勳戚貴族的大莊園所在地，戰爭的破壞必然影響到貴族們的財產與經濟收入，「戚畹中貴園亭莊舍，為虜騎蹂躪殆盡」，他們能不痛恨崇煥，而「揭其罪狀入告」嗎？五、袁崇煥在遼東的整肅內部，樹立權威，排除異己，又要獨佔首功，這一切一定得罪了不少人。尤其是他向皇帝開出「五年復遼」支票，不但未能兌現，反而後金兵打到京城來了，皇帝又怎能再信任他呢？由於以上種種原因，使崇禎皇帝備受各方壓力，加上他對袁崇煥的失望，崇煥的死因應該是有跡可尋的。

22 皇太極與《三國演義》

研究清史的前輩學者，有人認為皇太極對《三國演義》一書有相當的研究，甚至他用《三國演義》作為他用兵與治國的方略。蕭一山先生在他的《清代通史》中就有這樣的看法。

皇太極云：我國本不知古，凡事揣摩而行。其所揣摩者，殆仍《三國演義》一類之小說，為清朝開國之源泉也。

李光濤先生也認為：

居關外之金國則因尊崇劉、關、張故事，至於奉此一書，以為開國方略之用。傳之兩世，前之奴兒哈赤，後者皇太極，不曰愛讀之，即曰喜閱之，此外猶有深明三國志傳之記事。

皇太極是不是真的愛看《三國演義》呢？他是不是以《三國演義》作為開國方略呢？我看前輩學者的說法與看法是有相當依據的，應該是可信的。現在先舉一些例子作為證明。例如天聰七年孔有德等到後金投降時，皇太極待他們非常禮遇，與孔有德等行抱見禮，這使得不少滿族旗主心生不悅，認為不應對降將如此高規格的待遇。皇太極於是即以三國故事為例，對旗主們說：

> 張飛尊上而凌下，關羽傲上而愛下，以恩遇之，不亦善乎？

天聰三年九月，皇太極寫信給朝鮮國王，信中有：

> ……昔黃忠與關公戰，馬蹶墮地，而關公釋之，令乘馬再戰。蓋以乘人之危為不勇也。關公乃一將軍，猶以義為尚，不違誠信。王乃一國之主，豈有違棄信義之理乎？……

由此可知：皇太極是熟習《三國演義》書文的。

《明清史料・丙編》中又記皇太極曾在致明朝官員的書信中有這樣一段文字：

> 若爾誠國家大臣，則如古時張良、陳平、諸葛、周瑜，文武雙全，出能領兵見陣，入能治

國安民，所言必是矣，今則不然。

同書中又有皇太極勸祖大壽投降的書信一件，文中也提到《三國演義》故事，他說：

且朕之夢寐，亦時與將軍相會，未識將軍願見與否耳？昔劉、關、張三人異姓，自立盟之後，始終不渝，名垂萬禩，到今稱焉，將軍其見斯而速答之。

從上面幾件原始資料可以看出《三國演義》書中故事是常掛在皇太極口邊的。事實上，漢人大臣們也知道皇太極「喜閱三國志傳」，或「深明三國志傳」，所以他們與皇太極論政時也經常以《三國演義》故事為例，早在天聰二年就有人舉晉朝羊祜事對皇太極建言。奏疏中說：

昔羊祜守晉，與陸抗對境，孚以信義，聽民往來則云：吳民即我民也，何禁為之？及陸抗臥病，索藥於羊公，得而輒服，左右止之，陸抗笑曰：豈有酖人之羊叔子哉？久後陸君告捐，而吳卒為晉有。由此觀之，德義之為用妙矣哉。實今日對症之聖藥，要非腐儒之迂談也。

天聰六年正月張弘謨勸皇太極進攻征明時上書說：

昔魏武之破關中，蜀人一日數驚，雖斬之而不能定，乃收兵還許，併漢中俱棄於蜀。晉武乘破竹之勢，獨排眾議，一舉而下江南，遂成一統。

同年八月，王文奎上書勸皇太極禁止行軍時搶劫，他說：

夫兵出無名，事故不成，昔董公三老說漢高祖以為義帝發喪，而天下景從。……皇上臨御以來，寬仁大度，推心置人，然未遠達也。且出兵之際，人皆習慣，俱欣然相語曰：去搶西邊。漢人聞我動兵，亦曰：來搶我矣。夫搶之一字，豈可以為名哉？是宜亟為籌算，而籌之正其時也。

另外一位漢官胡貢明，他對皇太極的建言也很多，天聰六年九月間他就有疏章提到《三國演義》的。談的是人才問題，他說：

況此豪傑，世固有得，然亦不可多得。漢高祖止得三傑，漢昭烈止得孔明而已。然要做高祖、昭烈之事業，必要得三傑、孔明之人才而後可，今當皇上之時，其為三傑者誰耶？其為孔明者又誰耶？臣以三傑、孔明為言，皇上必曰：這樣好人，如何可得？必謂臣言妄也。臣不患世無三傑、孔明之人，惟患世無用三傑之主耳。

同時他又強調說：

皇上深明《三國志傳》，臣竊一言之，漢昭烈得一孔明，則曰：我之得孔明，猶魚之得水。適魏兵臨，張飛即曰：今有兵來，何不使水？彼時昭烈若少惑飛言，不以軍法服之，何能首建破魏之功？設以皇上身處其地，能不以弟飛之言自惑乎？臣謂必不能也。及其敗當陽，走夏口，當此顛沛流離，孔明因感昭烈三顧之典，信任之誠，死活相顧，輕身吳國，舌戰群儒，激孫權，說周瑜，遂成赤壁之功，以立鼎足之基。彼時孔明兄瑾在吳，又值吳國強大，昭烈身處窮促，倘疑而不許之，如何能成此大功？設以皇上身處其地，果能信而許之往乎？臣謂又不能也。

寧完我是投順清朝漢官中最通明朝典章制度的人，設立六部就是他建議的。他也曾鼓勵皇太極要有雄心創大事業，而引用的中國故事仍是出自《三國演義》。他說：

古語云：帝王將相，本來無種，有志者，事竟成。又云：兵貴精而不貴多，將在謀而不在勇。試考古史，沛公連敗七十餘陣，何為而卒成帝業？項羽橫行天下，何為而竟限烏江？袁紹擁河北之眾，何為而一敗塗地？玄德屢遭困窮，何為而終霸一方？此無他故，總之，能用謀與不能用謀，能乘機與不能乘機而已。

劉學成在天聰六年冬天也以孔明碑文上書，認為「到子丑年間，仍再興兵征討。那時天命既至，人心自歸，欲成王業，如反掌矣」。第二年，果然有孔有德等人的來降，所以他又向皇太極報稱：

今年漢朝（指明朝）官兵，果然航海多歸，是人心悅，即天意得，足見我國天命將至。意者到丙子丁丑年間，必成大業，可符應孔明碑記後驗矣。

丙子年是天聰十年，皇太極改元崇德，改國號為大清，劉學成的「必成大業」，可能是指這件大事吧！

以上皇太極的談話、寫信及大臣們的奏疏論人論政，都以《三國演義》為中心，可見皇太極對《三國演義》的了解、有研究應該是正確可信的。而皇太極利用《三國演義》故事作為策略，消除了袁崇煥，更是清官書中津津樂道的，《清實錄》中確有這樣的記載：

先是，獲太監二人，令副將高鴻中、參將鮑承先、寧完我、巴克什達海監守之。至是兵還，高鴻中、鮑承先遵上所授密計，坐近二太監，故作耳語云：今日撤兵，乃上計也。頃見上單

> 騎向敵，敵有二人來見上，語良久乃去，意袁巡撫有密約，此事可立就矣。時楊太監者，佯臥竊聽，悉記其言。
>
> 縱楊太監歸，後聞楊太監將高鴻中、鮑承先之言，詳奏明主，明主遂執袁崇煥入城，磔之。

按《三國演義》中有「群英會蔣幹中計」一節，文中說曹操派蔣幹到孫吳，說服周瑜來投順，可是結果蔣幹被周瑜所愚，反而假手曹操，殺了水軍都督二人，結果造成赤壁大敗。周瑜愚蔣幹的情形也是「瑜喝低聲，蔣幹竊聽」，後來「蔣幹潛自出門」，回到曹操處告密。這與《清實錄》使高鴻中等耳語，而太監「假寐竊聽」，並「縱太監歸」的情節相似，所以清朝後來非常得意的讚美皇太極的反間計運用成功，假崇禎皇帝之手殺了袁崇煥，自壞了遼東抵抗滿洲抗明的長城。

儘管袁崇煥的死至今學界仍有爭議，是不是死於皇太極的反間計也許還有討論的餘地；不過李光濤先生說的：「當初金人立國之規模，以及後來之所以得中國，大抵皆以小說（按指《三國演義》）一書，有以啟之也。」這一番話應該是有一些道理的。

23 「南面獨坐」

皇太極繼任大汗時曾與諸兄弟子侄們盟誓說：「我若不敬兄長，不愛子弟，不行正道……天地鑒譴，奪其壽算。」大小貝勒們也向皇太極保證不做不利大汗的事，不會心懷嫉妒，「一心為國」，「克盡忠藎」。可是八旗制是個八「家」都有實權的制度，編戶、土地和一切財物皆隸屬八旗主旗貝勒，而且各家事別家不能過問。努爾哈齊時代因為他是大家長，是創業者，子侄們對他還存有敬心與懼心，不敢與他有不同意見。可是皇太極得位已經靠大家的支持了，怎麼能不心存感激與敬畏呢！因此在即位之初，有位漢人官員就說出：「貝勒不容於皇上，皇上亦不容貝勒，事事掣肘。」可見大汗與旗主貝勒之間，在集權與分權上，已經發生摩擦了。

早在努爾哈齊為大汗時，國中就實行了眾貝勒輪流掌理國政的制度。皇太極繼承汗位後，此制仍照舊實行，而且皇太極又特別尊敬三個和碩貝勒兄長，讓他們居南面並列而坐，儼然四位大汗共治國政，接受屬臣的三跪九叩首大禮，讓朝鮮等外來的人莫名其妙。各主旗貝勒既有自專本旗的大權，又為汗國的執政，難免要為自身爭取更多利益，如此一來，汗權與旗權的衝突就很難避免了。等到皇太極地位稍為穩固之後，削弱旗權必然是他執政的第一要務。

首先他在和碩貝勒輪流執政的體制外，設置了八大臣與兩班十六大臣，共四十人來削減三位兄長的大權。讓八大臣「總理（八旗）一切事務」，「凡議政處，與諸貝勒（指三大和碩與參與國政的上層貴族）偕坐，共議之。出獵行師，各領本旗兵行，凡事皆聽稽察。」另外兩班十六大臣共三十二人，第一班是「佐理國政，審斷獄訟，不令出兵駐防」；第二班則是「出兵駐防，以時調遣，所屬詞訟，仍令審理」。這四十個大臣都是皇太極精心挑選出來的，他們不是皇家姻親，就是元老後代，甚至還有努爾哈齊的庶出兒子，個個都是大有來頭。皇太極把他們硬放在權力的高位上，和碩貝勒們也不敢反對拒絕，因為這些大臣也個個有實力，他們被激得過份時難保不會「革命」。皇太極這次政治體制的大改革，無異是一場寧靜的革命，他把傳統的八旗旗主制度變成了官僚制度，加強了金國大汗的權力，為皇太極發展君主集權踏出了一大步。

儘管設置了八大臣與兩班十六大臣的官僚體制已經削弱了不少和碩貝勒的大權；但是大貝勒們輪流執政對一個帝國而言，仍是不成體制的。天聰三年（一六二九）正月，皇太極進一步頒降了一道諭旨：

向因直月之故，一切機務，輒煩諸兄經理，多有未便。嗣後，可令以下諸貝勒代之，倘有疏失，罪坐諸貝勒。

上引文中的「諸兄」指代善、阿敏、莽古爾泰三大和碩貝勒，「以下諸貝勒」則是指一些弟侄小輩們。弟侄小輩們同樣的是天生貴族，也各有實力。皇太極藉口給諸兄煩勞與不便，解除了他們「分月掌政」的大權，讓小一輩的出來掌政，這些晚輩必然感恩於皇太極，聽命於皇太極。三大和碩貝勒的旗權再一次的受到削減。

難道這三大和碩貝勒就任憑皇太極擺佈嗎？當然不可能。阿敏早在皇太極即位後不久便想「出居外藩」，自立門戶。後來遠征朝鮮時他也不聽皇太極的命令，為所欲為，甚至在漢城已訂條約後他仍縱兵燒殺，迫使朝鮮另訂條約。這一切都是因為不滿皇太極而發的，也表示了他不承認皇太極所作的一些體制改革。代善與莽古爾泰是皇太極的同父異母兄長，關係比阿敏要親，但也忍受不了皇太極的如此加強汗權措施，就在免除他們「分月掌政」這一年，當皇太極率領八家大軍繞內蒙攻明時，他們在半路上突然抽後腳，向皇太極提出退兵的主張，理由是「深入敵境，勞師襲遠……恐無歸路」。皇太極為此事心情不樂，悶坐帳中，後來想出動員晚輩出面的計策，他以激將方法掀起了岳託、濟爾哈朗、薩哈廉、阿巴泰、杜度、阿濟格、豪格等人的忠君熱情，反向代善與莽古爾泰施壓，結果迫得兩大和碩貝勒「仰聽上裁」，隨即帶兵上陣。皇太極這次攻打北京，除去了袁崇煥，也打通了入關不經山海關的通道，戰果也算輝煌了，班師後正好找到阿敏不戰而走，丟失四城的藉口，於是便向阿敏開刀了。

天聰三年的這次繞道遠征明朝，皇太極從較長遠的戰略目標考慮，他認為從北京退兵是必需的，但長城之內不能不留些據點，以作為日後進攻的基地，並用以威脅北京，所以他下令將永平等四城駐兵防守，訓諭八旗長官「宜嚴飭軍士，毋侵害歸順之民，違者治罪」。後來明兵來反攻，負責防守的和碩貝勒阿敏竟違反了皇太極的政策，不戰就棄城逃跑了，而且在棄守前屠殺漢人與投降的漢官，大搶城中財物。後來皇太極追究事件責任，召集眾貝勒及「全體百姓」會議，議決阿敏有十六條大罪，如「自視如君」、「心懷不軌」、「喪失城池」、「擾害漢人」、「禮儀逾制」、「毀壞基業」等等，主要的就是指阿敏違背大汗旨意，進行分裂活動，凡事獨斷獨行。大會判決阿敏該殺，皇太極命令將阿敏幽禁，奪其財產、屬人、牲畜。從此居南面列坐的只有三個人了，朝鮮人稱「三尊佛」時代。

三尊佛並坐的好景也沒有維持很久，在一年多後又發生了大凌河「露刃」事件。

天聰五年（一六三一）八月，後金兵團攻大凌河明朝軍隊時，有勇無謀的莽古爾泰與皇太極發生公開的口角。莽古爾泰因自己的正藍旗在攻擊中死傷慘重，為維護本旗利益，請皇太極調回出哨的護軍。皇太極不同意，反而批評了藍旗的違誤失當。莽古爾泰不服，雙方爭執激烈起來。莽古爾泰的胞弟德格類上前阻止，而莽古爾泰竟「手拔刀出鞘五寸許」，情勢變得危急，莽古爾泰雖被推出帳外，但已構成「露刃犯上」的大罪狀。莽古爾泰後來一再辯稱因空腹飲酒過量，狂言失態，並向皇太極叩首請罪，皇太極卻拒不接受。不久諸貝勒集會議定莽古爾泰大不敬罪，處分是：「奪和碩貝勒，降多羅貝勒，削五牛彔，罰銀萬兩及甲冑鞍馬等。」一說皇太極只下令「取消五（兄）之稱號」，仍為和碩貝勒，五牛彔人口則賞給了他弟弟德格類。莽古爾泰被罰的其他人口等物，也在幾個月後歸還了他，顯然皇太極對他還有些顧忌。不過在同年的十二月，後金制定朝見儀式時，參政李伯龍提出莽古爾泰不應與大汗並坐，皇太極先說「今不與坐，恐他國……不知彼過」生疑，後來又說你們可以加以討論。有自知之明的代善立即聲明說道：

我等奉上（指皇太極）居大位，又與上並列而坐，甚非此心所安。自今以後，上南面居中坐，我與莽古爾泰侍坐於側，外國蒙古諸貝勒坐於我等之下，方為允協。

諸貝勒群臣都表示贊成，皇太極也就「俯順輿情」批准了大家的決議。第二年元旦朝賀時，皇太極真的「南面獨坐」了，這次座位的重新排定，證實了皇太極汗權的進一步高升。

九個月後，即天聰六年十一月間，莽古爾泰「偶得微疾」，忽然「暴斃」，皇太極又除去了一個競爭者。代善已經是萬般忍讓了，但皇太極對他仍不輕易放過。天聰九年九月，在一次貝勒大臣的集會上，皇太極又指責他的不恭不敬大罪，例如代善邀請與皇太極不和的妹妹回家吃飯，並賜送她禮物；代善出外漁獵，以致戰馬疲瘦；代善想強娶林丹汗的妻子蘇泰，而不娶皇太極向他推薦的囊囊太后等等，最後皇太極還以不當大汗以作要挾。諸貝勒大臣擬出處罰代善的結論是：革大貝勒名號，削和碩貝勒，奪十牛彔所屬人口，罰雕鞍馬十匹，甲胄十副，銀萬兩。皇太極則故意表示寬大，下令免革代善貝勒職，免奪十牛彔人口。

經此打擊，代善的權勢跌落了下來，威脅汗權的三大勢力全被解除了，這不僅說明了滿族的汗權更形加強與鞏固，也顯示了滿族的政治體制已開始從八旗共議制向專制集權發展。

24 改國號大清

皇太極繼位之後，十年之間，在文治武功方面都有傑出的建樹。他派兵征服了朝鮮，消滅了察哈爾蒙古，打通了不經由山海關可以隨時入關的通道。他帶兵威脅過明朝的京城北京，他讓明朝兩位著名邊將袁崇煥、毛文龍走入歷史。在後金汗國內部，他打垮了三大政敵代善、阿敏與莽古爾泰，加強並鞏固了汗權。他調整了滿漢民族間的關係，禮敬漢官，重用漢儒，也大大改善了投降漢人的生活與社會地位，因而得到漢人的普遍支持。他又以寬廣的心懷接受漢人文化，建立漢人制度的衙門，翻譯漢書，設立漢文學校，舉辦科舉考試，使傳統的八旗制度進步為專制君主制。蒙古部族也多來歸順，特別是漠南蒙古，幾乎成為他統治的範圍。他強調法治，更定離主條例，並以明朝法典為治國依據，滿洲原始惡習，漸被消除。他又重視發展經濟，使後金生產力增加，手工業與技術之水準大為提高。皇太極的這些成就，使他成為滿蒙漢各族人民眾望所歸的人，也使他的權力與威望提升到至高的境地。天聰九年，多爾袞征蒙古時為他取得歷代傳國玉璽，象徵著「天命」已經歸於後金，真是「一統萬年之端也」。滿洲親貴及滿蒙漢大臣一致決議要給他上尊號，認為這是合人心、順天意的事。可是皇太極不同意，他說「國中有心懷嫉妒不良之人」，為他自己，也為死去的父汗創立的基業，他都不能接受。除非諸貝勒能各修其身，他再考慮。事實上，他怕再有阿敏、莽古爾泰這樣的人，對他不服不効忠，他才開出這種條件。結果諸貝勒都願意再發誓，表示盡忠竭力，支持大汗。皇太極這樣才「勉從群議」，接受尊號，決定從天聰十年四月起，即皇帝位，受「寬溫文聖皇帝」尊號。改元崇德元年，改定國號為大清。

天聰十年（一六三六）四月十一日清晨，皇太極先在百官簇擁下，前往瀋陽天壇祭告天地，滿蒙漢所有達官親貴都按班排列觀禮。皇太極隨禮官在「上帝」神位前上香跪拜，讀祝官高聲誦讀祝文，向上天報告大汗這十年的偉大功業，並請求批准他即皇帝大位成為「命世之君」。

祭天地之後，皇太極回到大政殿，舉行受尊號禮。他坐在大金交椅上，周圍放著新製成的儀仗，兩旁站立著百官；不久樂聲大作，讚禮官高呼「跪」，百官應聲下跪。這時由三組滿蒙漢人士組成的敬獻御用之寶的貝勒高官，分別向皇太極跪獻寶印。他們代表這個政權的多民族，把象徵皇帝權威的御用之寶呈給皇帝，讓他有了統治國家的最高權力。獻寶之後，又由滿蒙漢代表一人，宣讀用本族語言寫成的表文，讚揚皇帝的事功道德。最後大家再次跪拜，結束典禮。其後幾天，皇太極又忙著到太廟追尊祖先，加封他的兄弟子侄與臣僚，連蒙古外藩與漢人降將也有被封的，如封孔有德為恭順王，耿仲明為懷順王，尚可喜為智順王等，他們的部下也都論功行賞，對於滿洲的天生貴族們，當然更是個個加封，大貝勒代善列位第一，封為和碩禮親王；貝勒濟爾哈朗封為和碩鄭親王；多爾袞封為和碩睿親王；多鐸為和碩豫親王等等。不論滿洲、蒙古、漢人，一經受封，地位絕對比大皇帝低，八旗主旗貝勒當年平起平坐的時代不再存在了。

從祭天、受尊號、加封諸王的禮儀與形式上看，基本上是仿照漢人制度舉行的。不過，在各種儀式中透現了皇太極重視各民族的一體團結，人選與表文用的文字都兼顧到滿蒙漢三大族群，而封王也不忘權利讓大家來分享，這是中國歷史上幾乎沒有見過的事，也可以說是皇太極的偉大處。皇太極重視滿蒙漢各族的密切合作，對清朝未來發展來說是絕對有裨益的。

在這次持續二十多天的改元稱帝典禮中，更改國號是頭等大事之一。皇太極為什麼要把「後金」改為「大清」呢？「大清」又代表著什麼意義？我覺得這些事都有說明的必要。

首先來看看為什麼改掉沿用了二十年的「金」或「後金」。在中國歷史上，滿族人的祖先女真族首領完顏阿骨打曾在一一一五年建立過「金」國。他於一一二五年滅遼，一一二七年滅北宋，成就過空前的偉業。當時的金國存在了一百二十年，後世的女真子孫都引他為莫大的光榮。滿族的領袖努爾哈齊在對明戰爭取得初步勝利之後，也在萬曆四十四年（一六一六）建立「金」或「後金」政權，用以號召女真民族，作為女真族文化傳統與政治認同的象徵。努爾哈齊常說「我們金國」、「我們先朝金國」，皇太極和他父親一樣也崇拜一些金朝的皇帝；天聰三年，他率兵入關攻打北京時，還特地去北京西南方金朝兩位皇帝的陵寢祭拜，祭文中並盛讚二帝的威德。可是到了天聰五年當他率兵攻打錦州時，在寫給明朝守將祖大壽的信中則聲稱。

我兵至北京，諄諄致書，欲圖和好，爾國君臣惟以宋朝故事為鑒，亦無一言復我。爾明主非宋之苗裔，朕亦非金之子孫，彼一時也，此一時也。

同樣的，當投降他的漢人王文奎建議集眾誓師，宣告天下說：「幽、燕本大金故地，吾先金墳墓現在房山，吾第復吾之故疆耳！」皇太極也不同意。可見他為了爭取漢人、漢官、漢將，他不能再以金民族來號召了。他確實向明朝再三表示過和意，但漢人夷夏觀念很深，而且對宋金對抗事記憶猶新，徽、欽二宗被俘，開封大量文物財富被女真搶掠一空等等舊事，漢人都視為奇恥大辱，不願與皇太極談和，實在是「漢人以宋時故轍為鑒，舉國之人，俱諱言和」。皇太極了解真相之後，當然就相信再用「金」為國號，對自己國家未來發展是不利的。

改國號為什麼用「大清」或「清」呢？清朝自己在官方的書檔裡未作說明。也正因為如此，後人的解釋就多了。

清朝貴族後人金梁在他的《光宣小紀》裡說：

清即金之諧音。

他的說法得到不少人贊同，如清史大家孟森也認為：

清即金之諧音，蓋女真語未變，特改書音近之漢字耳。

日本學者市村瓚次郎也說：

金與清在北京語稍有相近，金為chin之上平，清為ching之去聲，北京人可明確區別開，然外國人則頗易混同，女真民族當時不可能正確區別漢字之發音，因而改金之國號為清，乃取音聲之近似耶。

近代大陸出版的一些清史專書中，不少從此一說的，也認為在「金的音近漢字中，只有清字的字義，作為國號比較適宜，而且這個清字，在中國歷史的朝代中還沒有人用過」。「皇太極改金為清，只是在字樣上的改變，實際上他仍然繼承金國的國號，並沒有變，因為金和清只是把金字用相近發音的清字代替而已」。

稍早的學者對「清」字的解釋可能還比較深入一些，有人從文義講，「清」就是「掃清廓清」。也有人說：「清者，青也。」青為北方信奉薩滿教諸族所崇尚，滿洲人一直信薩滿，所以用清為號。另外，日本的稻葉岩吉又有一種看法，他以為：

（金與清）新舊兩號之間，當有連絡之義。……少昊金天氏父曰清，又曰胙土於清。據羅泌所說，少昊氏以金為寶，歷色尚白，故又曰金天氏。就史事徵之，起於朝鮮南端之新羅，亦曰金天氏之後。……因金天氏胙土於清，故採用清字以命名也。

以上這些解釋雖然各有理由，但我總覺得皇太極當時已接受較深的漢人文化，他改國號應該有其具體原因、意義與文化背景。他必定自信為「命世之君」，有「創制顯庸」的豐功偉績，「不肯因襲前代」，要換上一個新名號，作為自己新政權的象徵。因此新國號必有新涵義，不是隨便決定的。皇太極既然重用漢人，翻譯漢書，成立六部，設立文館，採用漢人尊號，仿行漢人典禮，國號與年號的更改怎麼能獨獨不受漢人影響呢？傳統漢人的思想有「王者受命，必立天下之美號以表功」，皇太極如何以美號來表功呢？他一心一意想打敗明朝，建立一個統治漢人的帝國。要想打敗明朝，在政治、軍事、經濟各方面都得勝過明朝才行，包括國號、年號也要強過明朝，甚至有打倒明朝的意義。如果這個想法可以成立，多年來有些史家的解釋就可以參考了。例如明朝皇帝當時所用的年號是「崇禎」，意思是「崇尚禎祥」，多少有些祈願、迷信的味道。皇太極本來的年號是「天聰」，事實上這根本不是年號，只是對他這位大汗的美稱，說他是「聰睿的汗」（sure han），後來改作年號了。現在正好改國號改紀元，他取用了新的年號為「崇德」。你明朝皇帝「崇尚禎祥」，我皇太極「崇尚道德」，高下立刻可以分別，皇太極強過了朱由檢。國號改稱「大清」顯然也是對著明朝的。《詩經》裡有「維清緝熙」句，「熙」有光明之意，「只有清朝可以逮著你明朝」。同時「明」字屬火，明朝皇家姓「朱」，「朱」者色赤，赤為火色。而「清」字帶「水」，包括「滿洲」也「訓水」，水能滅火，又能合五行相剋之說。在五行學說中，火能剋金，所以「金」字國號必須得改。另外，在很多中國古書中，常見有「清」、「明」並用之處，如《詩經・大雅》有「會朝清明」句、《禮記》有「清明在躬」、「視容清明」句、《管子》有「鑒於大清、視於大明」、「鏡大清者，視乎大明」句等等，「清」字總是壓在「明」字頭上。若以「清」字為國號，是強過敵人的，是一種吉利的徵兆。

當然一切以對明朝作解釋，也只是「大清」涵義分析的一種說法，不一定是絕對可信的。希望將來在清宮祕藏的檔案中，能夠找到新資料，發現新的、更好的解釋。

25 參漢酌金定禮儀

皇太極仿行漢人制度，更定官制，以集權中央。同時為了提高他的絕對權威，他又把他所得的成果定型化、制度化，以收伸張並提升皇權的效果。大清朝剛建立之後，他就給完工不久的宮中各殿命名，如中宮叫清寧宮，東宮叫關雎宮，西宮叫麟趾宮，次東宮叫衍慶宮，次西宮叫永福宮；臺東樓叫翔鳳樓，臺西樓叫飛龍閣；正殿叫崇政殿，大門為大清門，東門為東翼門，西門為西翼門，大殿為篤恭殿。

不僅如此，皇太極又規定各門只許守門人役常值，不許閒人進入，值日官員須負責檢查出入人等。自大貝勒以下，出入的人都由左右兩階、不許於御道行走。這樣一來，皇帝的身分大有不同了，住房、行路都不同其他的人，包括滿洲的貴族在內，以前旗主貝勒大家平等，各有極高地位的情況改觀了，皇權從此高於一切。

改國號為大清後兩個月，即崇德元年六月間，皇太極又對大臣們發表了一次談話，他說：

我國之人，向者未諳典禮，故言語書詞，上下貴賤之分，或未詳晰。朕聞古制，凡上下問對，各有分別，自今俱宜倣古制行之。

顯然他對住房、行路一類的提高皇權認為是不夠的，還要進一步從其他方面作改革。制定爵位是很重要的一項，也是能貶抑八旗主旗貝勒權威的，於是清朝有了分尊卑的等級制度，制定了貴族王公們的爵位，當時分和碩親王、多羅郡王、多羅貝勒、固山貝子、固倫公主、和碩公主、和碩格格、多羅格格、固山格格等名號，「皆有定制，昭然不紊」。在最高等級的親王、郡王當中，當時有所謂的「鐵帽子王」共八人，他們的爵位一般是世襲罔替的。這八王分別是睿親王多爾袞、禮親王代善、鄭親王濟爾哈朗、豫親王多鐸、肅親王豪格（皇太極長子）、莊親王（原承澤裕親王）碩塞（皇太極第五子）、克勤郡王岳託（代善長子）、順承郡王勒克德渾（代善第三子薩哈廉之第二子）。這些人都有強大實力並對建立大清國貢獻頗多，不過制定爵位之後，他們都比皇太極的地位低了一等。

同時在改元崇德的前一年，皇太極又給皇家人員分別了尊卑，規定努爾哈齊祖父覺昌安以上的子孫稱為「覺羅」，努爾哈齊父親塔克世以下的子孫稱為「宗室」。「宗室」的地位高於「覺羅」。「宗室」繫黃色帶子，「覺羅」繫紅色帶子，以示區別。皇太極還特別頒降諭旨說：

宗室者，天潢之戚，不加表異，無以昭國體。……又或稱謂之間，尊卑顛倒，今復分別名號，遇太祖庶子，俱稱阿格。六祖子孫，俱稱覺羅。凡稱謂者，就其原名，稱為某阿格、某覺羅。六祖子孫，俱令繫紅帶，他人毋得紊越。

皇家階級也變得森嚴了。

為了分別尊卑，提高皇太極的崇高地位，早在天聰六年（一六三二）八月就有大臣建議在衣冠制度上建立等級制度。漢官王文奎就說：

自古有國家者，必嚴上下尊卑之別，非但以美觀聽，實取世大機權也。竊見我國官民毫無分別，貪而富者，即氓隸而冠裳之飾，上等王侯；清而貧者，即高官而服飾之混，下同僕從。……伏乞皇上毅然獨斷，弁制衣冠，使天下後世知聖哲所為，超出尋常，使愚民亦知富者百萬，而終不得與職官併。此則主權尊，民志定，賢愚僉奮，國勢愈隆。

同年九月，另一個禮部官員王舜慕也上奏稱：

自古冠服之區別，貴賤尊卑繫之，乃古帝王治世之權也。帝王之冠服，不同公侯，公侯之冠服，不同散官。若是庶民，即家貲百萬，不過庶民之冠服已耳！惟有功於國者，衣冠不等平人，所以禮不容毫髮僭越。故創業帝王，首必辨官服，嚴等威，使舉國之人，重貴不重富，恥賤不恥貧，英雄豪傑必得尊重，利徒鄙夫，自然輕賤，此帝王所以取天下如拾芥也。今我國冠服混淆，貴賤難分，甚有樂戶穿戴，更強於良貴，所以人重富不重貴，而汗大體失矣。

這些官員的建議完全是根據傳統中國帝制等級思想而立論的，就像封爵、官階、禮節等一樣，也是分別尊卑的國家大法。可是皇太極當時並沒有下令准行，直到崇德二年（一六三七）他才表示了有關的意見，他說：

昔金熙宗及金主亮廢其祖宗時衣冠儀度，循漢人之俗，遂服漢人衣冠，盡忘本國言語。迨至世宗，始復舊制衣冠，……此本國衣冠言語，不可輕變也。……服制者，立國之經。……凡出師田獵，許服便服，其餘俱令遵照國初之制，仍服朝衣。且諄諄訓諭者，非為目前起見也。及朕之身，豈有習於漢俗之理？……

第二年，皇太極甚至在給禮部的諭令中強調說：

國家創立制度，所以辨等威，昭法守也。乃往往有不遵定制，變亂法度者；若不立法嚴禁，無以示儆。自後若王、貝勒、貝子等犯者議罰；官員犯者幽縶三日，議罰；庶民犯者枷號八日，責治而釋之。凡出入起坐有違誤者，坐以應得之罪。一切名號等級及已更定稱謂有錯誤者，嚴行戒飭之。

這道諭令是對已定的住房、行路、封爵、稱謂等區別尊卑的禮儀制度而發的，命令大家嚴格遵守。可是他在同一件諭令中卻又說：

若有效他國衣帽，及令婦人束髮裹足者，是身在本朝，而心在他國也。自今以後，犯者俱加重罪。

皇太極在很多方面仿行漢人制度，進行漢化，為什麼衣冠、髮型、裹足、語言、騎射等事不仿照漢人規定來分別尊卑呢？我個人以為這不是皇太極行事矛盾，而正是他的獨到之處。他的漢化是有選擇性的，不是全盤接受。凡是政治、經濟、軍事上有益於大清朝發展、強盛的，他都願仿漢制改革推行。無關重要而又能保存自己民族傳統文化習俗的，他則不主張變棄祖宗之制。就像剃髮、語言、騎射一樣，服飾也是滿族民族性很濃的一種標誌，保存又無害，為什麼一定要漢化呢？這也是合乎他「參漢酌金」進行變革的態度與主張的。

26 建立仿明的政權體制

在努爾哈齊時代，後金汗國是以八旗制度治理的。皇太極繼任大汗之後，最初雖有八大臣及兩班十六大臣之設；但不久就仿照明朝制度建立六部政體了。然而六部是直屬於汗的，這與原先的旗權獨大有衝突，所以八旗貝勒仍有分別掌管部務之權，只能視為皇太極集權中央的初步而已。崇德改元以後，情勢大有改變。在天聰十年（一六三六）的三月間，即改元崇德的前一個月，皇太極下令將文館改為內三院，這是仿明的另一次重大改造活動。

早在努爾哈齊初建政權時，部屬中就有了為他掌理文書的專人。據朝鮮人申忠一在萬曆二十三年（一五九五）訪問舊老城費阿拉時，發現有一位「歪乃」為努爾哈齊處理漢文文書。「歪乃」應是滿洲語wailan的音譯，意為「祕書」或「書記」。當努爾哈齊勢力日強，建立後金之後，歸順或俘獲的漢人文士增多，後金國於是出現了「書房」的組織，這機構裡的「秀才」、「相公」有的是專辦文移的，有的是記錄政事的，當然也有充當對明朝交涉的謀士。皇太極即位後把「書房」擴大正式建立了「文館」，命令儒臣分為兩班，達海與剛林等負責翻譯漢文書籍，庫爾纏、吳巴什等人專門記注本朝政事。皇太極想用文館中的專家們為他翻譯漢文古籍，讓他了解漢族的政治經驗及以前邊疆同胞入主中原時的施政得失。另一方面也想用文臣記錄他主持國家後的一切政務，作為施政的檢討依據。文館裡也有一批漢人知識分子，如范文程、寧完我、高鴻中、王文奎、馬國柱、馬光遠等人，他們是皇太極推動改革的諮詢顧問，也是後金「漢化」的鼓吹者、策劃人。

天聰十年，改文館為內三院，即內國史院、內祕書院、內弘文院。這又是一次「參漢酌金」的中央改制工程。因這三院的職掌與功能正是與明代翰林院和內閣相似的。例如內國史院負責撰擬詔令、記注起居、編纂史書、修纂實錄、收藏御製文字、寫製宗廟祭文等等。內祕書院的職掌是撰擬對外文書、記錄奏疏狀詞、皇帝對文武官員的敕書、寫製祭文、負責孔廟祭祀等等。內弘文院則是負責注釋歷代行事的善惡、為皇帝講論經史、頒佈制度等等。

據上可知：內三院的職掌幾乎與明朝內閣、翰林院、六科中書、通政司等單位相同，而後來更定官制時，在三個院裡都設有大學士與學士，分別由滿、蒙、漢三族人士擔任，這是清設大學士之始。正如明代中央官制一樣，清朝也不設宰相，因此大學士有相當高的權力，他們可以直接參加議定國家軍政大計，掌握國家機密。八旗和碩貝勒「共議國政」的舊制再一次的被破壞了，皇太極的皇權又再一次增高。

內三院設立後兩個月，皇太極又依照明朝政權的監察系統，設立了都察院。這個單位的設立，經歷過一段過程，事實上在設立六部時，不少漢官就建議設立言官；但是一則因為八旗舊制中有訐告人離主條例及貝勒監督部務的成規，再則皇太極個人當時也認為沒有必要，因為後金「人人得以進言，若立言官是隘言路也」。加上明朝有言官制度，卻引起可怕的黨爭，敗壞國事，不值得仿行。不過，到了改元崇德、改國號大清之後，帝國規模更備具了，中央既然仿照明朝制度有了六部，有了類似內閣與翰林院的內三院，明朝的都察院不設立是一大缺陷，因為明朝中央官制是集歷代中國官制的大成，是千年不斷改進後產生的，自然有它的優長之處，所以不少漢官都紛紛建言，大談言官與都察院的重要性。如馬國柱說：

> 言官不立，無責成，而有嫌疑，誰肯言之？……汗（指皇太極）試思連年以來，誰曾公道說幾件事來？即有言者，果是為汗為國？抑是報怨報仇？汗一詳思而自明矣。建立言官，乃千古帝王之美意良法，後世人主，雖有神聖亦不得棄而不置。若言官一立，汗之過失得聞，貝勒是

非不掩，國中善惡可辨，小民冤苦得伸。雖言官至私，必不敢少隱父兄之過者，職分使然也。

馬光遠也上書說：

伏乞皇上早選鐵面鯁直之人，立為八道言官，不時訪察，如有奸盜邪淫，謀逆貪惡，譌詐欺公，含冤抱屈者，許據實指名參奏，以聽皇上拿問處分。

皇太極終於同意了漢人大臣的建議，在崇德元年五月設立都察院，並授予都察院官員很大的權力，他對該院的大臣們說：

爾等身任憲臣，職司諫諍，朕躬有過，或奢侈無度，或誤譴功臣，或逸樂遊畋，不理政務，或荒耽酒色，不勤國事，或廢棄忠良，信任奸佞及陟有罪、黜有功，俱當直諫無隱。……

同樣的，他也要求他們對諸王貝勒不法、六部官員偏謬等事，也應加以參劾。

惟一與明朝制度不同的，是皇太極在中央設立一個專管蒙藏事務的理藩院。這個單位是崇德三年七月間設立的；不過它的前身是蒙古衙門。當努爾哈齊父子陸續以兵威與誓盟、通婚等方式控制東蒙古之後，為了解決與蒙古的各種問題，先設立了一個蒙古衙門。滿洲人很重視對蒙古部族事務的交涉，甚至有滿蒙一家的說法，這可能與滿蒙在語言、生活方式上都若干相似的關係。同時也是滿洲領導人有遠見，認為要征服明朝，非做好對蒙藏的工作不可。所以他們不像明朝只把蒙古事務當作夷務看待，只在禮部的主客清吏司裡辦理一些朝貢、敕封、翻譯的工作而已。皇太極設立了理藩院之後，經過稍後一段時間的充實，形成了內三院、六部、都察院、理藩院一套相當完備的中央官制，合稱三院八衙門。

從以上各種機關衙門的設立，我們可以說滿洲族人在當時是沿襲明朝制度，但是也不盡然，因為六部長官之上還有一個管部的貝勒，各衙門裡又都有滿蒙漢各族的官員，而且又以滿官位高權重，理藩院的職掌與工作根本不像明朝禮部的那樣有限度，所以清朝早年中央官制仍有其本民族的創造性與特點，尤其是皇太極吸收大批蒙古與漢人參加執政，讓大家分享政權，儘管是侷限的，但畢竟是有突破性的，也是皇太極一生功業中的重大成果之一。

27 優禮漢官漢儒

優待禮遇漢官漢儒的事，早在努爾哈齊時代就有了。例如天命三年（一六一八）攻打撫順時，明將李永芳投降了後金，努爾哈齊不但升任他為總兵官，同時還把孫女嫁給他，使他成為後金的「額駙」，李永芳確實受到特別的禮遇。同時又有文士范文程也來歸後金，努爾哈齊知道他有學問、有智謀，又是出自范仲淹的後代家庭，對他也相當優待，不過當時戎馬倥傯，未見對范文程有重用的記錄。天命後期，隨著戰爭的勝利，遼瀋地區都為後金所有，投降與俘獲的漢人更多了，由於努爾哈齊對漢人實行強迫剃頭與掠奪財物的粗暴政策，又趨使漢人從事農耕，形同農奴，因此引起不少漢人逃亡、抗暴，或是到處下毒，造成後金國內的不安。努爾哈齊也因而對漢人不滿，實行更激烈的報復手段，把漢人遷徙加以管治，甚至大屠殺以消除禍源。滿漢民族間的關係益發不和。即使是在後金做官的漢人，也常被滿洲貴族辱罵、毆打，皇太極曾經描述過漢官當年的悲慘境遇：

（漢官）俱分隸滿洲大臣，所有馬匹，爾等不得乘，為滿洲官乘之。所有牲畜，爾等不得用，滿洲官強與價而買之。凡官員病故，其妻子皆給貝勒家為奴。既為滿官所屬，雖有腴田，不獲耕種，終歲勤劬，米穀仍不足食，每至鬻僕典衣以自給。

不過，皇太極自己很了解，後金要進一步發展與鞏固政權，沒有漢官與漢儒的合作支持是不可能的，所以他當上大汗之後，立即改變他父親努爾哈齊的政策。在「治國之要，莫先安民」的大方針下，他宣佈「滿漢之人，均屬一體」，並採具體步驟，從多方面改善漢人的政治、經濟狀況，化解滿、漢之間的衝突與仇恨。

皇太極對漢官漢儒的優禮是多方面的，多種方式的，現在舉出一些例子，簡述如下：

一、他制定具體政策來優待歸降的漢人。如現任明官來降的子孫可以世襲父職；一般百姓殺掉當地官員來歸的，按功勞大小，授予官職。單身來降的，由國家「恩養」；率眾來降的則按功授官。這是為招攬更多漢官加入後金政權的利祿收買政策。

二、皇太極宣佈不殺漢人降官降民的命令。皇太極不但對來降的漢官一律收留，無不恩養，給飯吃，給衣穿，給房住，甚至還配給妻室。同時他命令部下不得殺害降官降民。天聰四年（一六三〇）後金兵攻打永平，明朝戶部郎中陳此心歸降後又逃跑，結果被八旗兵捉到。經審訊，判為死刑。皇太極不同意，並說業已恩養，當無被殺之理。他認為陳此心既不願在後金，便讓他回原籍老家。更令人意外的，皇太極還命令賜送陳此心二匹馬、四頭驢、銀二十兩，讓他帶著妻子僕人一起離開。天聰五年，大凌河城戰後，明監軍道張春被俘，他不向皇太極參拜，不肯剃髮，也不接受封官。皇太極也沒有殺他，讓他住在三官廟中受恩養度日。

三、皇太極對歸降的漢官必賜物賜宴。不論來降的漢官人數多寡，皇太極都會賜物與親自宴請。大凌河城一役招降的漢官多達一百多人，他在內廷舉行大宴會歡迎他們，並賞賜他們奴僕一千五百二十四人，牛三百一十三隻，另加屯莊和大量土地。孔有德、耿仲明、尚可喜等人的來降，也受同樣的優禮待遇。

四、皇太極以科考方式改變漢人知識分子的奴役命運。天聰三年（一六二九）八月，皇太極特降諭旨說：

> 朕今欲振興文治，於生員中考取其文藝明通者優獎之，以昭作人之典。諸貝勒府以下，及滿、漢、蒙古家，所有生員，俱令考試。於九月初一日，命諸臣公同考校，各家主毋得阻撓。

有中者，仍以別丁償之。

此次考試得中者二百人，他們從八旗各家中「拔出」，不再當奴隸，同時考中的人還按考取的等級，獲得緞布獎賞，優免二丁差徭。天聰八年三月，又舉行了一次漢人生員考試，取中一等的十六人，二等的三十一人，三等的一百八十一人，共為二百二十八人。皇太極舉辦這種考試，因為改變了奴僕的命運，所以當時有「仁聲遠播」的讚語。

五、皇太極對舊漢官也同樣優禮，范文程就是一個好例證。在努爾哈齊時代，范文程未受重用，皇太極繼承後金大汗後，范文程變成「召直左右」的大員。其後「軍國大計，文程皆與謀」。范文程到大清國建立時，升官為內祕書院大學士，是為清朝有漢人任相職的首例。據范文程的傳記說：每逢議事，皇太極總是要問：「范章京知道嗎？」臣下奏請有不當之處，皇太極常說：「何不與范章京商議商議？」只要是范文程表示同意的，皇太極也就不再詢問了。有時范文程病了，皇太極還交代等他病好後再裁決。皇太極經常召范文程入宮議事，一談就是幾個時辰。又常以「殊方珍味」招待范文程吃飯，對范文程的優禮可以說是歷史上罕見的。對范文程也許是特例，皇太極對其他舊漢漢官也是禮遇有加的，因為他認為國家得到真人才勝過值錢的珍寶。

總之，皇太極的優禮官漢儒，說穿了是一種拉攏、收買的政策，目的是爭取他們為滿族政權効命。事實證明皇太極的這一手段是成功的，很多漢族官僚拜倒在這位大清皇帝的腳下，為他輔佐國家，為他實心効命。

28 明將紛紛來歸

皇太極率大軍從北京東歸後不久，明兵在大學士孫承宗督軍下，很快收復了後金八旗兵淪陷的永平、遵化、灤州、遷安四城。天聰五年（一六三一），孫承宗更到關外巡邊，決定修復大凌河城，使連接松山、杏山、錦州，成為一線，以抗後金。皇太極聞訊後，除嚴懲阿敏棄永平四城大罪外，立即發動八旗大軍與蒙古聯軍進攻大凌河城。皇太極曾說：「坐視漢人開拓疆土，修建城郭，繕治甲兵，我等豈能安處耶？」所以在這一年七月間指揮大軍，直指大凌河城。

大凌河城位於錦州東方三十多里處，屬錦州管轄，建於明朝宣德年間，周長三里，是錦州的前哨站。皇太極這次率兵來攻時，城裡約有守軍一萬多人，夫役商賈一萬多人。遼東巡撫丘禾嘉在錦州指揮，城中守將為遼東著名將軍祖大壽。

由於多次攻打堅城失敗的經驗，皇太極這次改變了戰略與戰術。第一、他在出兵時嚴明軍紀，命令部下：凡俘虜之人，勿離散其父子、夫婦，勿裸取其衣服，當加意撫卹。第二、「攻城恐士卒被傷，不若掘壕築墻以困之，彼兵若出，我則與戰。外援若至，我則迎擊。」第三、使用相當數量的火炮參加戰爭。火炮多數是從明兵處奪得的，也有少數是後金自造的初期成品（鑄炮事將在下節敘述）。皇太極命令將火炮安放在通往錦州的路旁，以毀滅來援的明兵。第四、命各方圍城旗兵環城挖掘大小四道壕塹，並於離壕五丈處築墻，高丈餘。旗兵嚴守陣地，不出壕墻，準備長期困斃明軍。

祖大壽等曾派小股軍隊出城試探，都被後金兵擊敗逃回。皇太極則以八旗兵假裝為來援的明兵，計誘祖大壽出城，祖大壽不知是詐，被後金砍殺掉不少人。當時明朝有人感嘆的說：「逆奴（指皇太極）圍凌，連挖四壕，灣曲難行，器具全備，計最狡矣！故雖善戰如祖大壽，無怪其不能透其圍。」明朝確有援軍從錦州等地來的，如丘禾嘉等率兵六千來援，在大凌河城東南長山一地與後金大戰，結果大敗退回錦州，明朝監軍張春也會同過吳襄、宋偉等將軍領兵數萬來解救大凌河城之圍，但也被後金兵強大火炮與快速騎兵打得落花流水，紛紛潰散。明軍中有三十多位將軍被俘，陣亡的官兵也為數可觀，從此明廷再也沒有解救大凌河城的行動了。

城裡兵民被困幾個月之後，儲糧告罄，先殺戰馬充飢，再「人相食」，淒慘絕倫。皇太極見時機已到，發動政治勸降攻勢，致書祖大壽，請他歸順後金。祖大壽望重遼東軍界，有「祖家軍」，勢力甚強。他最初說：「我寧死於此城不降也！」後來經皇太極一再保證不亂殺降人，祖大壽才派了他兒子祖可法去與後金談判。後金貝勒濟爾哈朗、岳託等人對祖可法極為禮遇，不讓他下拜，而行「抱見禮」，如與至親好友見面一般。大凌河城中守軍都無意作戰，只有將官何可綱一人反對投降。祖大壽為表明歸順心意，逮捕了何可綱，在後金諸將前砍下了何可綱的腦袋。何可綱也是一位了不起的人物，臉色不變，含笑死難了。

當祖大壽與皇太極見面時，後金方面先派出幾位貝勒出迎一里，後來祖大壽來到皇太極的帳幄中，皇太極也與他行抱見禮，並以豐盛宴席招待他。皇太極甚至還自捧金杯酌酒給祖大壽，又贈給祖大壽很多禮物，包括皇太極自己穿用的黑貂帽、貂裘、緞靴、雕鞍、白馬等物，令祖大壽感激不盡，「祖家軍」從此成為後金的外籍兵團。

祖大壽投降後金不久，毛文龍的一些部將也來投順。毛文龍在天聰三年（一六二九）被袁崇煥處死後，「毛家軍」的勢力隨之瓦解。毛文龍的部下孔有德、耿仲明原是「遼東地方小人」，後來成為毛文龍的親信將官，孔、耿二人為了効忠毛文龍，竟分別改名為毛永詩與毛有杰，自稱是毛文龍的「養孫」。毛文龍被殺後，他們被明廷調往山東服役，但受到地方勢力排擠，致使孔、耿心生不快。後金兵圍大凌河城時，孔、耿被派北上出關增援，可是他們的大軍在半途因兵食不繼，部隊嘩變，孔、耿也隨之叛亂，後於天聰七年五月，自登州渡海奔旅順，向後金投順。皇太極乃派范文程、剛林等漢滿官員往迎。孔、耿帶來的部眾、家口、兵器包括火炮等，足足裝備了幾百艘大船。皇太極除了派兵護送他們到遼陽、瀋陽，並下令說「此輩……涉險來歸，求庇於我，若仍前騷擾，實為亂首，違者並妻子處死，必不姑恕」外，也以接待祖大壽一樣的優待禮儀接見他們，與孔、耿行抱見禮，封孔有德為都元帥，耿仲明為總兵官。凡有朝見都與後金貝勒們於第一班行禮，列坐於皇太極左右，禮遇他們可謂無以復加。

同年十月間，毛文龍的另外一個部將尚可喜也派人來與後金當局談判投降問題，到第二年正月，皇太極接受了尚可喜來歸事，從此「毛家軍」的主要勢力也都成為後金的戰鬥力量了。孔、耿、尚的先後來降，對皇太極而言，無異是增加了一大筆發展事業的資本，而且是不易獲得的資本。因為「毛家軍」除富有作戰經驗外，他們都裝備有當時先進的武器，如火炮、鳥銃等，同時他們有兵船，是海軍，這是後金兵種缺乏的，最需要的。

在天聰五年至七年之間，皇太極由於政策運用得宜，先後收編了「祖家軍」與「毛家軍」，使得遼東地區的明朝軍隊精銳，都變成後金汗國的大軍，而這些外籍兵團在日後的對朝鮮與入關諸戰役中，作出過很多貢獻。

29

「問開皇將相復何人?」

吳偉業(一六〇九—一六七一),號梅村,是清初著名的詩人兼詞家,他有很多歌行紀事之作,至今仍為人傳誦。尤其是他的一些史詩,更是引發過大問題,像似〈清涼山讚佛詩〉,令人相信順治皇帝有逃禪出家的可能,以致多年以來,爭論不斷。他的另一首詞〈滿江紅.感舊〉是反映南明南京小朝廷國事的作品,他借用魏晉南北朝時代南朝陳的史事以傷今,不僅描繪了福王弘光朝諸臣的動態,也寫出了南京城被清軍佔領的情形,最後以「問開皇將相復何人?亡陳者」作結語,頗為辛辣。

「開皇」是隋朝文帝楊堅的年號,吳偉業用問答的方式提問「隋朝的將相又是那些人呢?」答案是:「那就是曾使陳朝亡國而又出任隋朝政府的那些陳朝舊臣啊!」他以隋初史事為例,諷刺降清的那些文武官員。

清初政壇確實有不少文官武將是明朝的舊臣，他們對清朝建立、滿族定鼎中原及統治中國都作出過重大貢獻，現在僅就皇太極時代為例，略作說明。

滿洲人本來以八旗制度治理國家的，而八家各有特權，互不干預，也不能干預，這種政體在部落時代尚可，要建立大國顯然有問題，尤其皇太極又想要集權中央，伸張皇權，改革政體就必需了。投降漢人在這方面就給了不少幫助，如寧完我曾建議他設立六部，仿行明朝的國家行政法全書《大明會典》。寧完我在奏章裡說：

> 我國六部之名，原是照蠻子家（指明朝）立的，其部中當舉事宜，金官原來不知，漢官承政當看《會典》上事體，某一宗我國行得，某一宗我國且行不得，某一宗可增，某一宗可減，參漢酌金，用心籌思，就今日規模立個《金典》出來。每日教率金官到汗面前，擔當講說，各使去因循之習，漸就中國之制。必如此，庶日後得了蠻子地方，不至於手忙腳亂。

六部的設立，《會典》的仿行，皇太極當然就能獨立政務，把主旗貝勒們都置於國家機構之外，皇權也就隨之削弱旗權了。

除了六部的設立，為了打擊八旗主旗貝勒，投降的漢人又請皇太極設立言官。高鴻中、寧完我、鮑承先、范文程等人都上過奏章，而馬國柱的尤有內容。他說：

言官不立，無責成，而有嫌疑，誰肯言之？即有言者，必私而不公，是開人以報復之門，而擾亂國家也。汗試思連年以來，誰曾公道說幾件事來？即有言者，果是為汗為國？抑是報怨報仇？汗一詳思而自明矣。……若言官一立，汗之過失得聞，貝勒是非不掩，國中善惡可辨，小民冤苦得伸。

皇太極後來同意設立都察院，大清國內一切犯罪作惡、疏怠職守的貴族與官員都受到監督，皇權又再一次伸張。

還有一些漢人官員提出建立等級制度的主張，以維護君臣、官民、貴賤的身分，結果大清國在封爵、官階、禮節、婚喪行事等等方面作出了多項規定，大國的規模更形具備。

在提高皇太極地位、維護皇權方面，漢人確實作了貢獻，事實上在文治、武功的大事件上，他們也大有功勞。例如王文奎曾向皇太極說：「帝王治平之道，微妙者載於《四書》，顯明者詳諸史籍。」建議皇太極加以吸納，「日知月積，身體力行，作之不止」，如此對政事必大有助益。寧完我也在一份奏疏中談到，帝王如要知正心，修身、齊家、治國的道理，則有《孝經》、《學庸》、《論孟》等書。如要益聰明智識，選練戰功的機權，則有《三略》、《六韜》、《孫吳》、《素書》等書。如要知古來興廢的事跡，則有《通鑑》一書，寧完我認為從以上諸書中可以收取美意良法，解決施政中所遇到的各種難題。

也有漢人建議興辦官學，讓八旗子弟受教育，講明理義，懂得尊君親王道理。胡貢明就曾向皇太極這樣說過：

> 皇上諭金、漢之人都要讀書，誠大有為之作用也，但金人家不曾讀書，把讀書極好的事反看作極苦的事，若要他們自己請師教子，益發不願了。……以臣之見，當於八家各設官學，凡有子弟者，都要入學讀書。

以上這些漢人的建言，都是使滿族人文明開化的良方。

漢人降官也在滿族對明和戰與改進滿族人武器問題上提出過不少有用的主張。皇太極一度對明朝應採議和或是硬拚作戰難以決定時，王文奎就表示明朝人常以「宋時故轍為鑑，舉國之人俱諱言和」。與明朝邊臣談和不可靠，明朝不到「危急之際」是不可能真心談和的，他以為議和成功，對於後金當然有利，因為可以乘時「拓我疆土，裕我國賦，用賢以養民，撫近而招遠，使彼國之民，疲於奔命，往來承命之不暇，而以我之逸，待彼之勞，孰謂此遼東之地，不可同漢高之一舉而滅楚哉！」

孫應時以為明朝邊臣表示要談和，只是為了防止後金的進攻。明朝的實力仍然強大，他們不會輕易言和。

江雲則認為「議和之事，決有所難」。因為「今皇上（指皇太極）與明國和好，欲如兄弟相稱，明必不從。仍如從前龍虎將軍之封，皇上亦必不允。……議和之難，十居其七」。他建議只進行試探性議和活動，「明如不允和意，我們也有借口進攻」。

高士俊的分析也值得一看，他說明朝不是不想和，但鑒於宋金和議的教訓，無人敢出面倡和，同時也怕講和上當。他建議如果要與明朝談和，策略上應是「假退步以求前進」。

看了以上這些漢人對和戰的主張，確實有些後來被皇太極採行，並從而制定了政策，有效的取得對明朝掌控的主動權。

此外，佟養性的改良武器、製造火炮的建議、孔有德等提出的對明作戰主張以及漢軍在疆場上的効命作戰，也都是明亡清興的一些原因。

前面所述只是部份的實例，如果要專論皇太極「以漢制漢」政策的成功，相信可以寫成一本小書的。套用吳偉業的詞似乎可以得到一個答案：皇太極政府的將相，很多是明朝的舊臣啊！

30 鑄造紅衣大炮

自從努爾哈齊以「七大恨」興兵征明以來，後金兵在撫順、清河、鐵嶺、遼、瀋一帶，可謂戰無不勝，攻無不克，八旗兵之野戰力量，真令明朝軍隊聞之喪膽。明廷中央有識之士，發覺只有改變戰略與武器，始能防堵後金進一步攻勢。徐光啟等得西洋傳教士協助，從澳門葡萄牙人手中，於天啟三年（天命八年，一六二三），首次購得西洋炮三十門，其中十一門運往關外寧遠，其餘作防衛京師之用。這十一門火炮，後來在袁崇煥等人的悉心運用下，在寧、錦一帶戰爭中，發揮了致勝的大作用，使八旗兵遭受慘重損失，也讓努爾哈齊「大懷忿恨」敗歸。皇太極繼承汗位之後，也曾在天聰元年（一六二七）進攻過寧、錦，苦戰數月，無功而返，失敗的原因還是明軍的「憑堅城、設重炮」，也正是徐光啟等「以城護炮，以炮衛城」戰術成功的應驗。

在後金方面，當然知道火炮的威力可怕。早在攻克撫順時，投降的李永芳即已獻出火炮，後來在薩爾滸山大戰中，後金兵又獲得很多火炮，努爾哈齊還命令演放過火炮。不過當時所得的火炮多是舊式火炮，八旗兵野戰又每戰皆捷，因而威力不太強的舊火炮未被重視。在遼陽、瀋陽的戰役中，俘獲了一批明軍炮手。李永芳善待了他們，「親釋其縛，人賞千金」，用以攻擊內地來的四川軍隊，收到「無不立碎」的效果，八旗兵也開始逐漸使用火器了。

努爾哈齊與皇太極父子在寧遠一帶的大敗，改變了皇太極的對火炮的態度，尤其天聰三年取道內蒙入關，進逼北京一役，後金兵「去京師不攻，環涿州不攻」，其真正苦衷是「皆畏銃也」。「銃」者，火炮也。皇太極曾說：「野地浪戰，南朝（指明朝）萬萬不能。嬰城固守，我國每每不下。」因此他決心要「以敵之長，補己之短」，自己製造西洋火炮。

明朝軍隊原先使用的舊式火器有鳥槍、火炮、佛朗機等等。徐光啟等人建議從澳門購回的火炮是新式鐵鑄前裝滑膛炮，是當時先進的武器，明朝人稱為西洋大炮或紅夷大炮。皇太極帶兵入關圍攻北京時，雖「畏銃」而不敢攻城，但是八旗兵卻在涿州俘獲了一門明軍的紅夷大炮，這件戰利品成了後金進行先進火炮仿製的重要依據。

據清朝官書《清太宗實錄》天聰五年（一六三一）正月壬午日條下記：

造紅衣大將軍炮成，鐫曰：天祐助威大將軍。天聰五年孟春吉旦造，督造官總兵官額駙佟養性，監造官丁啟明，備禦祝世廕、鑄匠王天相、竇守位。鐵匠劉計平。

後金稱「紅衣大炮」是避諱「紅夷大炮」的「夷」字，事實上都是西洋的新式火炮。這種火炮「不以尺寸為則，只以銃口空徑為則」，因而彈道低深，射程較遠。同時新產品的瞄準具也有改進，用銃規瞄準，不用目側，所以既簡便又精準。另外，這種新火炮口徑比較粗，裝藥量比較多，殺傷力也較大，加上射程較遠，威力大過舊炮。後金這次研製鑄造火炮成功，實在是劃時代的大事，使後金進入冷熱軍器並用時代，對後金軍隊的發展壯大具有深遠意義。

第一批紅衣大炮製成後，在同年七月皇太極率兵攻打大凌河城明軍時，就下令佟養性用牛騾挽車運紅衣大炮等四十門隨征。佟養性後來將這批大炮安置在通往錦州的大道旁，既可進攻錦州，又可打擊來援的明軍，結果收到良好的效果。例如用紅衣大炮攻城，「擊賊城西隅臺，降守臺兵。又擊賊城南隅，壞樓堞」。使「守者宵遁」，或是被「盡殲之」。又如明軍由張春、吳襄等率領來的援軍四萬多人，在錦州到大凌河城的路上，被佟養性的炮兵「舉炮攻毀」。不久佟養性又率炮兵攻于子章臺，這是一座大墩臺，地勢險要，駐有重兵，垣牆堅固，不過被佟養性的炮兵連轟三日，「擊毀牆垛，中炮死者五十七人，臺人惶憂，力不能支，第四日遂降矣」。這一年後金兵攻大凌河城，皇太極下令圍城不攻堅，而以炮兵擊敗援軍，擊毀附近墩臺，獲得最後勝利，而紅衣大炮在此一戰役中可以說有著很大功勞。

由於紅衣大炮在大凌河城一役建立大功，後金的君臣們從此更重視這種威力強大的新武器。天聰六年正月，佟養性首先向皇太極上奏說：

軍中長技，攻打城池必須紅衣大將軍，緊要必用。目今火器，雖有大號將軍，然尚少，宜亟諭令金、漢官員各管地方，有遺下各號大將軍炮，盡數查出送來。仍再多方鑄造，酌議收拾，方可有用。大炮百位不多，火藥數十萬猶少。

同年七月間，另一位總兵官馬光遠又奏報稱：

火炮雖有，要平日收拾得所，演放得法，方為實用。今將現在火炮查勘，應隨營者，即著落營官管理，應守城者，即著落守城官管理；務要經心收藏，不許風雨損壞。責任分明，緩急有賴，臨期不致推諉誤事矣。……炮局、藥局，雖有地方，而無房屋，凡遇爆日寒天，匠役無處遮蓋，苦楚難當。合應每局造廠房十數間，以蔽風雨，庶匠役不致偷安，造作可得長便矣。

……

還有一位參將祝世昌，他也向皇太極報告說：

若攻打城池，必須紅衣大炮，……不但易於攻克，在敵人亦膽落心寒。……況南朝豈不知我有紅衣大炮，防守自然比常不同，此舉必多用紅衣為妙。

總之，投降的漢官多建議皇太極多造紅衣大炮，善自保管與使用紅衣大炮。皇太極對他們的奏疏都十分重視，後金因而一度掀起製炮潮。特別到崇德七年（一六四二）八月，清兵攻佔錦州以後，皇太極利用該地原有製炮廠房，命令鑄炮牛彔章京金世昌、王天相等鑄「神威大將軍炮」。據記載這種炮是用銅鑄造，炮身前細後粗，底部稍歛。全長達兩公尺六十公分，口徑十三厘米，有四道箍、準星、照門；炮重三千九百斤，發射時裝火藥五斤、鐵彈十斤。此種新炮的炮管長，裝藥多，射程更遠，成為大清軍中的新一代重要利器。

皇太極除了熱心命令部下製造火炮外，明朝投降來的軍隊也不斷的帶炮來獻給大清領導人；還有在各戰役中俘得的火炮，累積起來有了相當的數量。皇太極於是下令集中火炮，交由漢軍使用，像似組成了一支炮兵特種部隊。據可靠的資料，大凌河城一役所獲明軍大小火炮三千五百門。天聰七年五月，孔有德、耿仲明等來降，又攜來大量大炮火器，其中紅衣大炮就有六、七門。同年十月，皇太極閱兵時，展出的紅衣大炮共有三十門之多。崇德五年至七年間（一六四〇至一六四二），明清發生松錦大戰，清軍大勝，在松山一地獲大炮二千三百六十三門，其中紅衣大炮六門。錦州城內外獲大炮四百八十八門，其中也有紅衣大炮七門。塔山獲大炮四百五十二門，其中紅衣大炮一門。杏山一地則獲大炮三百八十門，其中紅衣大炮二門。總計清軍從敗歸的明軍手中俘獲大炮三千六百八十三門，而紅衣大炮有十六門。其他還有火槍、彈藥很多，由此可知，在皇太極就任大汗之後，滿洲軍隊的火炮從少變多，而且數量日增，甚至已比明軍佔有優勢。

對於皇太極製造火炮，明朝有識之士早已提出警告。徐光啟曾說：「賊中甚畏火器，模仿製用，刻意求工，豈無奸細竊窺依式成造者，臣故加意防範。」大凌河城戰後，明廷知道後金使用火炮，王應朝說：「火器原為中國長技……但所為長技者，已為奴有，則我之防範可不為綢繆，以遏其將來之狂逞乎？」到了大清朝建立的崇德年間，明人更悲觀的說出：「當今清人鑄百炮而有餘，我鑄十炮而無力，倘若清軍排列大炮百位，一齊轟擊，城非鐵壁，人非銅柱，豈能抵擋得住？」從這些談話中，我們也可以看出火炮的鑄造成功，確是皇太極時期戰勝明軍的主要原因之一。

31 成立八旗漢軍

在努爾哈齊崛起遼東時，有不少漢人被他們俘獲或是來投降的，這些「俘掠遼瀋之民，悉為滿臣奴隸」。這也就是說，早期的舊漢人組成的舊漢兵是附屬在滿洲八旗編制裡參加生產與作戰工作的。漢人被「滿臣」奴役當然不樂，對滿洲貴族懷有惡感甚至憎恨，必然不能激起他們在生產與戰場上的積極性。到了皇太極繼任大汗之後，一則因為被俘獲的或是歸順的漢人日漸增多了，再則也因為火炮的研製成功與使用有效，使得漢兵地位日漸重要，因為鑄造火炮的多是漢人，使用與熟悉火炮的也多是漢人，皇太極心中有了組成新軍團的構想。

天聰六年（一六三二）正月，佟養性向皇太極上奏說：

往時漢兵不用，因不用火器。夫火器南朝仗之以固守，我國火器既備，是我奪其長技，彼之兵既不能與我相敵抗，我火器又可以破彼之固守，何不增添兵力，多拏火器，以握全勝之勢。目今新編漢兵，馬步僅三千餘，兵力似少，火器不能多拏。況攻城火器，必須大號將軍等炮，方可有用。然大號火器拏少，又無濟於事。再思我國中各項漢人尚多，人人俱是皇上赤子，個個俱當出力報効。若果從公查出，照例編兵，派出火器，演成一股，有事出門，全拏火器，大張軍威；無事歸農，各安生理，一則不廢民業，一則又添兵勢。如此一行，敵國聲聞，自然膽落，無堅不破，無城不取也。

皇太極很重視這一建議，下令凡各戶內有漢人十丁者，抽兵一人，共得一千五百八十戶，組成一旗漢軍。佟養性於同年七月病逝，新得的一千五百八十戶，則命舊漢軍額真馬光遠等統率，旗幟用黑色，這是正式建漢軍之始。這裡所定的漢軍，即滿文中稱的「烏真超哈」（ujen cooha），漢文的意思是「重兵」，想必與火炮等重兵器有關。

崇德二年（一六三七）七月，漢官鮑承先又上奏，建議按照滿洲旗制來整頓和增編漢軍。皇太極認為很有需要，採納了他的意見，命令「分烏真超哈一旗為兩旗，以昂邦章京石廷柱為左翼一旗固山額真（旗主），以昂邦章京馬光遠為右翼旗主固山額真，照滿洲例編壯丁為牛彔」。兩固山（

旗）的旗色仍用黑色。這次將漢軍旗一分為二，而且都是按照八旗滿洲的樣式編壯丁為牛彔的。

崇德四年六月，由於漢兵人數日增，皇太極又下令再分漢軍二旗為四旗，每旗設牛彔長官十八員，固山額真一員，梅勒章京二員，甲喇章京四員（八旗長官請參看拙作遠流公司出版的《努爾哈齊寫真》），當時擔任漢軍四旗重要長官的分別是：

正黃旗固山額真為馬光遠、梅勒章京為馬光輝、張大猷。

正白旗固山額真為石廷柱、梅勒章京為達爾漢、金維城。

正紅旗固山額真為王世選、梅勒章京為吳守進、孟喬芳。

正藍旗固山額真為巴顏、梅勒章京為李國翰、佟圖賴。

原先漢軍兩旗的旗色都用黑色，分建四旗後旗色也略作改變了。馬光遠的旗用藍色，鑲以黃邊；石廷柱的旗用藍色鑲以白邊；王世選的旗用藍色鑲以紅邊；巴顏的旗用純藍色。這裡所謂的藍色在清朝官書中稱作「元青」色。

崇德七年（一六四二）六月，明清松錦大戰結束，清軍又獲得重大勝利，收降了大批明兵，使得漢軍牛彔人數激增，為了加強管理、利用漢兵，皇太極又將四旗漢軍增為八旗，稱為八旗漢軍。當時八旗漢軍的主要長官如下：

正黃旗固山額真是祖澤潤，兩個梅勒章京分別是祖可法與金維城。

鑲黃旗固山額真是劉之源，兩個梅勒章京分別是馬光輝與張大猷。
正紅旗固山額真是吳守進，兩個梅勒章京分別是祖澤洪與王國光。
鑲紅旗固山額真是金勵，兩個梅勒章京分別是孟喬芳與曹光弼。
正白旗固山額真是佟圖賴，兩個梅勒章京分別是何濟吉爾（何濟吉）與郭朝忠。
鑲白旗固山額真是石廷柱，兩個梅勒章京分別是祖澤遠與郎紹貞。
正藍旗固山額真是巴顏，兩個梅勒章京分別是屯泰（佟代）與劉仲金（劉仲錦）。
鑲藍旗固山額真是李國翰，兩個梅勒章京分別是裴國珍與張存仁。

據官方記載，以上八旗漢軍共領有一百六十一個牛彔，其中正黃旗二十三個牛彔；鑲黃旗二十三個牛彔；正紅旗十四個牛彔；鑲紅旗二十個牛彔；正白旗二十七個牛彔；鑲白旗十六個牛彔；正藍旗二十三個牛彔；鑲藍旗十五個牛彔。

漢軍編成四旗時旗色都用元青，增為八旗後也改變了旗色，而與滿洲八旗的旗色相同了，即用純黃、紅、白、藍四色為正旗，黃心紅邊、紅心白邊、白心紅邊及藍心紅邊為四鑲色旗。

從以上八旗漢軍長官的名單可知：祖澤潤、祖可法、祖澤洪、祖澤遠四人是祖大壽的子侄，是「祖家軍」的主要領導人。張存仁和裴國珍是祖大壽的部下，皇太極是以這批大凌河城的軍頭為主，加上以前俘獲或歸順的遼兵，組成了八旗漢軍這支外族軍團。

在編組八旗漢軍的過程中，有一件事值得大家注意，那就是孔有德等人來歸的毛文龍部下的「毛家軍」。當天聰七年孔有德、耿仲明以及稍後尚可喜三部來降時，皇太極並沒有把他們的軍隊分撥到八旗貝勒屬下，而是原封不動的讓他們繼續統領，這與處置舊遼兵及大凌河城降兵的方式都不同。皇太極將孔、耿的部隊命名為天祐兵，尚可喜的部隊為天助兵。而且規定特定孔、耿軍隊用「白鑲皀」色旗，尚可喜的軍隊用「於皀旗中用白圓心為飾」，可見這是使孔、耿、尚三軍與佟養性舊漢軍有區別的。崇德七年，八旗漢軍編成時，孔有德等聯合請求「以所部兵，隨漢軍旗下行走」。皇太極同意了他們的請求，「命歸併漢軍兵少之旗，一同行走」。孔有德歸屬漢軍正紅旗，耿仲明歸屬漢軍鑲藍旗，尚可喜歸屬漢軍正黃旗，不過他們自身都已封了王爵，部下也只是「一同行走」，並沒有與八旗漢軍完全一體化，所以在八旗漢軍中沒有一個是孔、耿、尚等人的部將，這說明他們的待遇與八旗漢軍仍是有區別的。皇太極為何作出如此的處置呢？這可能是因為歸降的漢軍日多，原八旗有限數的牛彔，容納不下眾多的軍兵，只好在八旗之外，增設漢軍兵團，入關後明兵投降的編為綠營，正是更好的例證。

努爾哈齊時代創建八旗制度，把分散的女真部民和少數歸降的蒙古人、漢人組織起來，為他從事生產、征伐，奠定了滿清龍興大業的始基。皇太極更擴大增建了蒙古與漢軍八旗，是聯合了各族人民，共同存在於他的統一政權之下，而滿洲則充當了盟主的尊貴地位。同時從表面上看，創建八旗漢軍是擴大兵源，利用漢軍與明軍作戰，是「以漢攻漢」的策略。但是他建立八旗漢軍與蒙古八旗，也是為了鞏固他個人的統治地位，強化他的皇權，因為另建新的八旗蒙、漢軍，無異是從八旗滿洲諸王貝勒手中分割出了軍政大權，從而打破了八旗滿洲對軍隊壟斷的局面。皇太極的手段高明，由此也可以看出一斑。

32 縱兵華北

皇太極改元崇德，改國號為大清之後，衡量局勢，發現明朝與朝鮮間的親密關係，使得他無法進一步發展。朝鮮雖然在九年前被滿洲人打敗過，並訂立了城下之盟；但是雙方的兄弟之約並未能實踐，而朝鮮君臣對明朝効愚忠，影響到後金的對明行動，成為後顧之憂，所以皇太極在建立大清國後決心要向朝鮮再度用兵。可是明朝又不會聽任大清隨意向朝鮮進行軍事行動，因此在再度征討朝鮮之前，皇太極採取了癱瘓明朝援朝的戰略，即先行積極的向明朝進攻，給明朝內地以新的軍事打擊。

在對明朝用兵前的六個月，皇太極曾派人到大明北邊長城的喜峰口、潘家口、董家口等處送信給守將說：

我每欲修好，各享太平，幾次派人致書，你們的皇帝和大臣都沒有給我回信，因此你們國人的憂苦、死亡，並非我的責任，而是你們國家君臣的過錯，我是為百姓而要和平的。今後凡是我軍所到之處，有拒戰的殺之，避匿山野的俘之，若安居本地、輸誠附款的，我們不取一物，房舍家產也秋毫無犯。這次進兵，不會像以前那樣很快離開退兵的。

四個月以後，即天聰十年二月（也是改元崇德前兩個月），皇太極又寫信給明朝太監與大臣，信中強調兩點，一是「我願共享太平，所以致書遣使幾次，不知是你們臣工欺罔蒙蔽皇帝而未上達呢？還是為君的明知生靈塗炭，人民死亡，漫不介意，不想太平呢？」另一點是重複兵臨各地時拒抗者死、逃匿者俘，以及秋毫無犯等的承諾。

皇太極的兩次投書，重點在製造輿論，把責任推給明朝。崇德元年四月改國號，五月底便出兵攻打明朝了。這次征明，以武英郡王阿濟格與饒餘貝勒阿巴泰為統帥，率領大兵約十萬人，仍然是繞道內蒙入關。

皇太極不愧是用兵高手，他在阿濟格等出發後一個月，又下令多爾袞、多鐸、豪格等，帶著大軍往山海關進發，裝著要進攻山海關，實際上是牽制明朝軍隊，一方面不讓山海關軍隊入援華北，另一方面也相信明朝必調兵來山海關救援，這樣阿濟格一路征明的大軍就能減輕抵抗力了。

阿濟格的遠征軍目標直指明朝京畿地區，大軍分三路由獨石口入關，會合於京畿延慶州（今北京市延慶縣），在長安嶺堡一帶，七次擊敗明軍。崇禎皇帝十分驚慌，北京全城戒嚴。而大清勁旅不久攻陷昌平，經沙河等地，移兵到京城的西直門外。

然而清軍在皇太極的早先指示下，根本無意進攻北京，而且凡是遇到堅城都不去攻取，只是能攻的才攻，沒有把握的俘掠一番就走，真正目的是在挫敗明軍銳氣，消耗明軍實力，製造各地不安而已。阿濟格照皇太極的作戰方針，靈活運用，後來攻克了寶坻，入定興、下房山、戰涿州，克文安、永清、雄縣、安州、定州等地。後來又分兵密雲、平谷等城，在一個多月的時間中，八旗部隊緊緊圍繞京師，「偏蹂畿內」，凡城池堡鎮無不攻擊、搶掠。據阿濟格後來給皇太極的報告，他們連克十二城，五十六戰皆捷，獲人畜十七萬九千八百二十口。

是年九月底，阿濟格等班師回瀋陽，完成了這次用兵攻明的任務。

崇德三年（一六三八）八月，皇太極又發佈了征明的命令，這次用兵分兩路，一路以多爾袞為奉命大將軍，豪格、阿巴泰為副帥，統左翼兵。另一路以岳託為揚武大將軍，杜度為副帥，統右翼兵。大兵離開瀋陽，皇太極親自為他們送行，這是八旗大軍第四次入關遠征。

在多爾袞與岳託兩路大軍由墻子嶺與青山關毀墻入關之前，皇太極又親自率領大軍前往錦州、寧遠等地，牽制明朝援兵，「使其東西疲於奔命，首尾不能相顧」，好讓多爾袞等的「西征將士得以從容直搗中原耳」。

清兵入關後會合於通州河西，從北邊繞道北京至涿州，不久北京以西至山西地界，全被清兵控制，沿途城鎮都受到旗兵的攻掠。這時北京戒嚴，情勢緊張，但是督師盧象昇與兵部尚書楊嗣昌、太監高潛起之間不和，互相鬥爭，大大影響了戰事。十一月初，清兵陷良鄉、涿州、高陽、文安、霸州等地。十二月又破平鄉、沙河、臨城、高邑、鉅鹿諸城鎮，可謂所向披靡。明朝確也有不少忠臣烈士，因保家衛國而捐軀，像退休的兵部尚書孫承宗一家數十口死守高陽而殉難。盧象昇則在鉅鹿戰役中身中四箭三刀陣亡，太監高起潛等在附近就是見死不救，當時令不少人傷感。

清軍繼續向河北南部挺進，蹂躪了廣平、順德、大名等地，然後進兵山東。崇德四年正月，八旗兩翼兵會合於濟南城下。由於楊嗣昌把重兵放在德州，致使濟南空虛，在一天的攻擊後就陷落了這座山東著名的大都會。

濟南淪陷後，揚武大將軍岳託病死征途，其後不久其弟馬瞻也因病不治，多爾袞等乃出濟南城，轉攻山東其他城鎮。同年二月，清軍至天津；三月，經青山口出關，返回遼東。

這次清兵征明，前後歷時約半年，俘獲的明朝人畜計四十六萬二千三百多口，黃金四千零三十九兩，白銀九十七萬七千四百六十兩。皇太極的政權獲得如此多的財富，對國力增強是有極大助力的。不過對於明朝來說，防衛力與生產力都急劇的減弱了，無異是一場空前的浩劫。

以上兩次縱兵華北，清兵都未曾久留，其原因一則是各地人民紛起反抗，再則也是怕駐紮山海關到錦州一線的明兵來攻襲瀋陽，造成進退失據，必遭慘敗。清兵在兩次遠征中飽掠而歸，實力大增，因而改變作戰策略，決定強攻錦州，奪取山海，再直取北京。

崇德七年，清兵在松山、錦州等地大勝明兵之後，皇太極又下令進行了一次華北侵擾戰，試探明朝與李自成等的流民軍隊有無和談的可能。據清朝官方的記載，這次戰爭又攻克三府、十八州、六十七縣，掠得黃金一萬二千二百五十兩，白銀二百二十多萬兩，珍珠四千多兩，各色緞共五萬二千多匹，另有裘衣、貂虎皮等物以及百姓三十七萬人，牲畜三十二萬多口。另外「其眾兵私獲財物，莫可算數」。

經過這幾次清兵的襲擊，明朝國力幾乎消耗殆盡，不到兩年明朝便走入了歷史。

33 再征朝鮮

如前所述，皇太極在繼承汗位之後，就在天聰元年（一六二七）發兵攻打朝鮮，朝鮮大敗，於是與後金訂立了「兄弟關係」的和約。可是雙方關係並沒有因一紙和約而變得和睦正常，相反的，爭執仍多，而且不易解決。先以互相通使一事來說，朝鮮常不按期派出使臣，餽贈的禮物也不符合規定。主要的原因是朝鮮接受的是城下之盟，心有不甘，同時他們根本不能以對明朝的尊敬態度來對待後金，這是最令皇太極等感到不滿的。再就互市貿易來說，這件事本來是互通有無、互沾利益的；可是後金因物資缺乏，所以常常敲詐勒索，強人所難的要朝鮮供應，因而給朝鮮政府與人民都帶來很大的損失與煩惱，讓朝鮮覺得互市是無益的事，甚至是「後患至重」的，終至弄得官民兩怨。還有雙方爭執多年的「逃人」問題，約為兄弟之後仍然沒能解決。後金重視奴隸，把人口看作是戰鬥力的來源，是生產力的依據，人口是財富，逃人無異是財富的喪失，所以他們要徹底向朝鮮追回多年來逃到朝鮮的女真人與被俘獲的漢人等。朝鮮方面則以人道立場認為「不忍搜送」，而搜求確實又是不易之事，因此這一爭端也無法令後金滿意。另外，朝鮮人為採參、打獵，常常越界違約，後金對此事也大表不滿。其他像朝鮮不賣糧食、不送人質、不為後金向明廷表達和意、不與明朝絕交，甚至到皇太極改元崇德當大清國皇帝時，竟不派慶賀專使，這一切都令皇太極失望至極，雙方關係因而面臨破裂邊緣。

皇太極在瀋陽舉行大清國皇帝登極大典時，朝鮮的春信使羅德憲等人也來了，但是未曾參拜，未行大禮，頗令皇太極生氣，兩國關係至此已到不可挽回的地步。大清君臣乃下定決心，傾全國之兵，再征朝鮮。

崇德元年（一六三六）十二月一日，奉召的蒙古各部兵來到了瀋陽，加上八旗大軍，號稱十萬，由皇太極親自指揮，令禮親王代善、睿親王多爾袞、豫親王多鐸、貝勒岳託、豪格、杜度等隨軍出征，直指朝鮮進發。

朝鮮國王李倧雖然「朝夕備戰」，並且也向明朝請求援軍，但是清軍此時實力大增，朝鮮根本不是對手。十二月十日，皇太極率兵渡江，當天就攻克義州，進入朝鮮境內。從此清軍以破竹之勢，順利行軍。十二日佔領郭山，次日陷定州。十四日克平壤。國王李倧聞訊，立即從首都漢城逃到南漢山城，固守待援。清軍隨即急馳趕來，予以包圍。皇太極在二十九日也直抵南漢山城駐營。朝鮮南部的勤王之師紛紛來援，都被清兵擊敗。三十日，首都漢城被清兵攻陷，朝鮮幾無戰局可言。

崇德二年正月，皇太極幾次向李倧發出通牒，命令他出城投降。李倧在內外援絕、智窮力竭的情況下，一籌莫展，只得再度接受城下之盟，向清朝投降了。不過，這次清朝給他的投降條件，遠遠不能與十年前「平壤之盟」的內容相比。當年的和約雖是戰敗國與戰勝國的屈辱文字，但畢竟仍有「兄弟之盟」的性質，稍存對等的意義。這次再征勝利，清朝所定條款，完全把朝鮮降格成為屬國的地位，可以說是一種「君臣之盟」條文了，而且命令朝鮮依約簽訂，朝鮮不能更改。根據皇太極給李倧的敕諭，投降條件約有以下幾項：

一、不用明朝年號，斷絕與明朝的交往，交出明國所發給的所有誥命冊印。

二、以朝鮮國王長子及另一子、還有諸大臣子弟為人質，常駐瀋陽。

三、從此一切文書奉大清朝正朔。

四、清朝皇帝萬壽節、中宮千秋、皇子千秋、冬至、元旦及慶弔等事，朝鮮須派特使舉行貢獻之禮。其中所用的文書、兩國大臣迎送的禮節等等，都不能違反明朝舊例。

五、清朝若對明朝用兵，需要朝鮮調派步騎舟師，指定的人數與期限，朝鮮應遵詔辦理，不得有誤。

六、今後逃人，應執送本主。因為清軍是以死戰所俘獲的人，朝鮮不可再以「不忍」為詞拒絕。

七、朝鮮國王可以與大清國內外諸臣家締結婚姻，以固雙方和好。

八、朝鮮的新舊城垣，不許擅自修築。

九、在朝鮮國內的所有瓦爾喀女真人，都須送還。

十、朝鮮可以與日本貿易，但應引導日本使者來朝賀，清朝也會派使臣與日本往來。

十一、朝鮮每年應向清朝進貢一次，貢品包括黃金百兩、白銀千兩、水牛角兩百對、豹皮百張、鹿皮百張、茶千包、水獺皮四百張、青鼠皮三百張、胡椒十斗、腰刀二十六口、順刀二十口、蘇木二百斤、大紙千卷、小紙千五百卷、五爪龍蓆四領、各樣花蓆四十領、白苧布二百疋、各色綿紬二千疋、各色麻布四百疋、各色細布萬疋、布千四百疋、米萬包。

皇太極在敕諭中還對李倧說了相當不客氣的話：「朕見爾國狡詐反覆，故降茲詔諭」，「爾當念朕再造之恩，後日子孫，毋違信義，則邦永存矣」。

李倧為了保住身家性命與政權，只得接受以上恥辱條件，並在漢江東岸三田渡地方，建築投降壇，向皇太極正式舉行投降儀式，簽訂盟約。此次戰役，歷時兩個多月，可謂不長；不過朝鮮從此由明朝的屬國變成了清朝的屬國。崇德二年二月初二日，皇太極下令班師時，李倧率大臣們出王京漢城十里跪送。

這次戰爭清朝徹底的打垮了朝鮮，天聰初年的那種四面受敵的困境被解除了，皇太極可以無後顧之憂的專心對付明朝了。

34 松錦決戰

皇太極當了大清國皇帝後，曾幾度派兵繞道內蒙入關，擾亂華北，並發兵攻打朝鮮，使朝鮮成了清朝的屬國，戰事可謂順利異常，而國力也大為增加。清朝的執政君臣，深知不能控制全遼，即無法向關內發展，所以錦州、松山等地的取得是必需的，松錦之戰也就不能避免了。

在天聰時代，皇太極雖然發兵攻下了大凌河城，拆除了明朝在遼西的一處屏障；但是距大凌河四十多里地有一個堅城錦州，確是阻礙滿洲旗兵的前哨陣地，而錦州正南方十八里處是松山城，松山偏西南十八里處是杏山城，杏山西南二十里左右又有塔山城，這三城拱衛錦州。另有寧遠一城為錦州後盾，所以明朝在關外的防衛仍很強大，錦州等地不破，入山海關是根本不可能的。正如皇太極說的：「以大軍屢入塞，不得明尺寸之地，皆由山海關阻隔，而欲取關，非先取關外四城不可。」

崇德四年（一六三九）三月，皇太極曾下令軍隊攻打過松山、錦州，但是無功而返，因此他與大臣商討之後，決定了「由遠漸近，重圍錦州」的戰略。崇德五年三月，他命鄭親王濟爾哈朗、多羅貝勒多鐸等人，領兵去修築義州城（今遼寧省義縣），這座城是錦州北方的重要門戶，兩地相距約九十里。清軍駐紮在此城，一邊屯田，一邊加強訓練，作為圍攻錦州的糧草供應地與前線指揮所。皇太極又指示清軍在義州漸進地包圍錦州，並「外築土城，且挖坑塹，以為久住之計」。

同年五月，皇太極親自巡視義州，部署進一步圍困錦州的方案。他下令清軍清除錦州城外的明軍墩臺，使錦州失去傳遞消息與監視清軍的據點。同時又派遣兵丁去把錦州郊外的莊稼割盡，以減少錦州糧草的來源。

崇德六年三月，清軍在錦州城外，「每面立八營，營深壕，沿壕築垜，兩旗之間，復浚長壕，近城設邏卒哨探」。同時統帥濟爾哈朗又派人聯絡城裡的蒙古兵，威脅利誘的要他們反叛明朝，結果蒙古兵首領諾木齊等人降清；錦州外城又遭清兵火炮的不斷攻擊，於是濟爾哈朗便率兵佔領了錦州外城。內城守將見援助斷絕，糧草不濟，乃派人突圍向明廷求援。崇禎皇帝知道錦、寧的重要性，不顧一切的把正在剿滅流民軍的統帥洪承疇調來當薊遼總督，帶兵出關增援錦州，並另派宣府總兵楊國柱、大同總兵王朴、密雲總兵唐通、薊州總兵白廣恩、玉田總兵曹變蛟、山海關總兵馬科、前屯衛總兵王廷臣、寧遠總兵吳三桂等所謂八總兵及副將以下官員二百多人，步騎兵十三萬，火速馳往錦州解圍。同年七月，洪承疇率軍抵松山，他分析情勢，擬採取穩健的「持久之策」，但是兵部尚書陳新甲急於求功，催促他進兵。洪承疇迫於命令，只好先把兵馬糧草留屯在寧遠、杏山一帶，自己帶領六萬大軍，輕裝北進，駐軍於錦州城南乳峰山等地。當時多爾袞與豪格等人率清軍在乳峰東、西兩面，阻止明軍進入錦州。

皇太極於八月初得到多爾袞等急報，知道明朝大軍來援救錦州。他當時生病，仍決定領兵親征。八月十九日，皇太極行軍至松山附近，命令屬下部署在松山與杏山之間，「橫截大路駐營」，不久調派八旗兵伸延到海邊，如此一來，不但切斷松山與後方杏山、塔山的聯繫，使松山孤立；同時也對松山採取了反包圍，從而化解了明軍包圍多爾袞等軍隊的不利情勢。

明朝軍隊原先為了急於求功，想在松錦之間與清軍進行決戰；但是現在背後卻被清兵切斷，心理上造成恐慌，形成「欲戰則力不支，欲守則糧已竭，遂合謀退遁」。洪承疇仍堅持決戰主張，各總兵官則有突圍南撤到杏山就糧的想法，明軍陣前發生了不同意見，洪承疇的指揮也不為各總兵官聽從。各總兵官為自救，乃紛紛進行突圍戰。不過，皇太極早已得到明軍要南逃的消息，立即派兵把海陸兩路封堵，結果「各帥爭馳，馬步自相蹂踐，弓甲遍野，遙望火光，謂敵兵在前，走還，遇伏大潰」。洪承疇等突圍未成，退守松山城內。王朴、吳三桂算是幸運，逃到了杏山。馬科等人則奔往塔山，也有人從海上乘漁船逃回寧遠城的。其餘的殘兵敗將，奔向海邊，「赴海死者，不可勝計」，明兵還沒有真正的與清兵大戰就損失慘重了。

皇太極在松山城外紮營，不斷擊敗計劃突圍的明朝兵將，但是松山、杏山、錦州諸城仍被明軍佔據，清軍此次出兵的目的尚未完成。因此皇太極再調大軍，重圍松、杏、錦三城，而重心放在松山，因為洪承疇等在此城中。松山城地形是四周緣高，中間偏低，形勢並不佳。清軍仍以圍而不攻為戰略，不斷縮小範圍，靜待城中糧盡援絕。九月間，因宸妃病重，皇太極曾從戰場返回瀋陽，松錦的軍隊交給杜度、多鐸等人。經過再半年的圍困，松山城裡明軍實在支持不下了，副將夏承德派人來與清軍通款，許為內應。崇德七年二月十八日，降兵引清兵登城，第二天擒獲洪承疇等明朝等文武官員多人，曹變蛟、丘仰民、王廷臣皆不屈而死，洪承疇則最後降清。據史料所記，皇太極下令將松山城毀如平地。松山城破，錦州軍民抗清之心完全瓦解，加上「城內糧盡，人相食，戰守計窮」，守將也只有獻城降清了。清軍圍錦州前後歷時約一年，終於不戰而克。清軍入城之後，據說「屠戮城中人民」，各家財物也被「收取一空」。同年四月，清軍又用紅衣大炮猛轟塔山，殲滅城中明兵七千，明將最後也是開門請降。從此明朝關外的錦、松、杏、塔四座重城，都落入清軍之手。

大清軍在松錦一帶的決戰勝利，明朝的關外錦寧防線已不復存在，從此清軍控制了遼東與關外之間的通路，打開了進入中原的門戶。明朝雖然還據有寧遠與山海關，但已孤立不成形勢，大明江山可以說處於岌岌可危之中了。清軍本可乘勝入關，消滅明朝，可是關內局勢也發生大變化，李自成等流民軍正在席捲中原，規模之大，威力之強，都是空前的。皇太極審時度勢，改變策略，決定靜觀其變，等流民大軍與明軍先作火併，然後再收漁人之利。正在此時，清朝自身也發生了出人意外的危機，就是崇德八年八月皇太極的暴死，此事引發了清朝貴族間的政爭，甚至掀起爭位的鬥爭風暴，明清之間的戰事一時也因此停頓了下來。

35 明清最後的和議

漢人降臣王文奎曾經對皇太極說過：明朝不到「危急之際」是不會真心來談和的，這句話真是應驗了。當清兵進攻松山、錦州諸城時，明軍被圍困無法解脫，而清軍也因「天寒水凍，料草艱難」，雙方乃又有議和之事。

皇太極先透過蒙古人送信傳言，試探明廷意向。明朝兵部尚書陳新甲與大學士謝陞等人密商，認為「清果許款，款亦可恃」，於是將議和上奏於崇禎皇帝。

崇德七年（明崇禎十五年，一六四二）元旦，崇禎帝召見內閣輔臣周延儒、謝陞等人，決定與清方祕密談和。皇帝並命令陳新甲「可款則款」，「便宜行事」。陳新甲得旨後，便推薦兵部主事馬紹愉為議和使臣，崇禎立即批准。正月初七日，馬紹愉、周維墉等人即馳往寧遠，並派人到錦州報告皇太極。不過，馬紹愉等沒有崇禎的敕書，使得清方懷疑明使的身分與議和的誠意。馬紹愉急遣人至京請敕書，然而在此期間，清軍戰事連連勝利，二月十八日破松山，三月初十日克錦州，這對明朝議和極為不利，這是此次議和過程中的第一件不順利事。

馬紹愉等得到敕書之後，緊急趕到瀋陽，面見皇太極。清朝君臣看了敕書之後，認為「明之筆札，多有不實」；「所用之寶，大而且偏，豈有制寶不循定式之理？」因而懷疑到文書上蓋的是假印，「以為邊吏偽作」。皇太極拒絕談判，這是和議過程中第二件不順利事。馬紹愉等只好回京稟奏，而在此期間，清軍又於四月初八日打下了塔山，二十一日攻佔了杏山，明軍寧錦防線已完全被破壞，清方的談判籌碼又增多了。

四月底，陳新甲再派馬紹愉等去瀋陽，繼續進行和談之事。此時清朝內部有兩種意見，一派認為明軍關外已不能守，應乘勝入關，明朝政府必定南遷，黃河以北必為大清所有。另一派則看出明朝國內盜賊蜂起，饑饉載道，「欲戰無術，欲守無資」，一定會「遣使乞憐」，不如開出有利條件，進行和談。皇太極最後採取了邊和邊戰，以戰促和的策略。

五月十四日，馬紹愉等一行到達了瀋陽，所帶敕書仍然不是直接給皇太極的，而是「諭兵部尚書陳新甲」的書寫方式，這表示崇禎皇帝還不願意和皇太極平等對話，令皇太極大為不滿。同時敕書上的龍紋也有問題，印章也稍長了一些，清方又疑惑敕書的真實性了，最後幸賴降清不久的洪承疇出面證實敕書不假，這才使和議能進行。六月初三日，皇太極設宴招待馬紹愉等人，並賞賜貂皮、銀兩等物。皇太極也讓馬紹愉帶回一封信給崇禎皇帝，向他開出和好條件：

一、每年明朝需向清朝饋贈黃金萬兩、銀百萬兩。清朝饋贈明朝人參千斤、貂皮千張。

二、明清雙方應歸還越界逃人。

三、明以寧遠雙樹堡中間土嶺為界，清以塔山為界，並以連山為適中之地。

四、明清雙方在連山地帶舉行互市貿易。

五、沿海乘船往來，以黃城島為界。

六、兩國有吉凶大事，則當遣派慶弔。

明使返京後，崇禎皇帝召集內閣首輔周延儒徵詢意見。周不發一言，皇帝甚為訝異；原來祕密和談之事，已在京中傳開，御史們也開始疏劾陳新甲，大肆攻擊陳新甲「主和辱國」，周延儒為脫罪才不再表示意見，而陳新甲卻因此入獄了。崇禎皇帝也怕負上主和的責任，因而對皇太極寫來的議和條件，未作考慮就不了了之。議和之事也就這樣無法進行了。

明朝內部政爭愈演愈烈，大學士謝陞說了一句「上意主和」被革職了。陳新甲在牢裡，皇帝讓他答辯時，他說「絕不引罪，反自詡其功」；同時他又多引皇帝的諭旨，強調皇帝也不反對和議，這當然也引起皇帝的惱怒，為了與主和派劃清界限，皇帝最後下令處死了陳新甲。

明清議和之事，至此中斷。皇太極也正好以此為藉口，再度興兵入關。崇德七年九月初五日，清兵發動第五次繞道蒙古入侵華北，這次大軍直抵山東，大肆搶劫，第二年才班師，所得人口財物極多，又為大清國增添不少發展的資本。

從崇禎皇帝與皇太極兩位領導人來看，治理國家的才華與處理危機的能力大有不同，這也是明清亡國與興國的主要原因。閻崇年教授曾說：

> 崇禎帝不知彼己，內外交困，先是拒絕議和，繼是祕密議和。崇禎初殺了袁崇煥，崇禎末又殺了陳新甲。崇禎帝既不能指揮軍隊作戰，又不能運籌帷幄議和，做事不敢擔責，遇事文過飾非，斷送大明皇朝，難辭亡國之咎。

這番話應是中肯之論。

36 黑龍江邊區的征撫經營

努爾哈齊崛起的時候，東北地區女真部落林立，由於氣候寒冷，物產不豐，各部落的開發程度不同。建州女真算是當時比較進步的，當努爾哈齊統一自己的建州諸部之後，便開始對烏蘇里江以東和黑龍江下游各部用兵了。最初以兵威攻得了瓦爾喀部分部落，不久虎兒哈部中也有人來納貢歸降。後金汗國成立之後，努爾哈齊還派兵去攻佔庫頁島及其附近島嶼，獲得不少貂皮與人力的資源，對加強後金國力是有大助益的，不過對該地區還不能算真正的征服。

皇太極繼位後，繼續以征服與招撫的手段，對黑龍江老家地區經營。天聰五年（一六三一）曾有黑龍江與松花江地方的部落酋長來朝貢，向皇太極貢獻貂皮等物，後來陸續也有黑龍江精奇里河地方的酋長來瀋陽，不過並不定期舉行，而繳納的「貢物」又常不足數，因此天聰八年（一六三四）皇太極便下令進兵黑龍江上游的虎爾哈部，以霸奇蘭、薩穆什喀為統兵官，率軍官四十一員、兵丁兩千五百人出征，臨出發前，皇太極特別降諭說：

> 爾等此行，道路遙遠，務奮力直前，慎勿憚勞，而稍怠也。俘獲之人，須用善言撫慰，飲食甘苦，一體共之，則人無疑畏，歸附必眾。且此地人民，語音與我國同，攜來皆可為我用。攻略時，宜語之曰：爾之先世，本皆我一國之人，載籍甚明。……今日之來，蓋為爾等計也。如此諭之，彼有不翻然來歸者乎？

皇太極如此囑咐，原因是虎兒哈部是滿族的故鄉，乃有此優待。霸奇蘭等出兵後不久，皇太極又派吳巴海等人，領兵四百人往征瓦爾喀部。

第二年夏初，捷報傳到了瀋陽。霸奇蘭一軍得索倫部長為嚮導，進行順利，沿途屯寨，不戰而降，紛紛歸附。據報告稱：收服編戶壯丁二千四百八十三人，人口共七千三百零二人，牲畜數計為馬八百五十六匹、牛五百四十三頭、驢八隻。又俘獲婦女、兒童一百一十六名，貂皮、狼皮、狐皮等三千一百四十張。另一路遠征瓦爾喀的吳巴海也在不久傳來奏報，獲男丁五百六十人、婦女五百、兒童九十、馬六十匹、牛一百頭，另貂皮等皮類約五百多張。

霸奇蘭等回到瀋陽之後，舉行大慶功宴，皇太極在御殿中接受出征的將士朝見，皇太極還特別與主將霸奇蘭、薩穆什喀行抱見禮，隨後由招降的二千人朝見，再次由索倫部當嚮導有功的人朝見。然後舉行較射，並設大宴招待大家。最後皇太極又為霸奇蘭升官，加世襲或升世職。至於招降來的三千多人，「俱賜房屋、田地、衣食、器皿等物」，真是皆大歡喜，對歸附者也起了巨大的感召作用。

就在清軍遠征虎爾哈、瓦爾喀之前不久，黑龍江薩哈爾察地方索倫頭目巴爾達齊來瀋陽貢獻貂皮。第二年他又率二十二人來朝進貢。皇太極非常高興，特命禮部官員迎迓於五里外，「設宴，宴之」，一個多月之後巴爾達齊離開時，皇太極賜給他們很多禮物，包括蟒緞、朝服、衣帽、鞍馬等。天聰十年初，皇太極又認為巴爾達齊「傾心內附，歲貢方物」，忠順可喜，下令以宗室女嫁給巴爾達齊為妻，使這位索倫頭目成了滿洲的額駙，也使他成為後來清朝索倫各部的大首領。

經過用兵與招撫，黑龍江、松花江、烏蘇里江等地方的部落，有的由首長率領來內附，有的來朝獻貂皮，有的則提供貂賦，或進行貂皮貿易。黑龍江上中游索倫部酋長巴爾達齊是最標準的忠順首領，但是另有一位首領名叫博穆博果爾的，他與巴爾達齊不同，早期他來瀋陽朝貢過，但後來卻發動武裝叛亂。博穆博果爾精於騎射，驍勇善戰，有領導才能。皇太極發現他亦順亦逆的反覆行為，相信他「勢盛不可制」，乃先發制人的對他發動了軍事行動。崇德四年（一六三九）十一月初八日，清軍由索海等將官統領，往征索倫，經過四個月的用兵，雖然殲掉博穆博果爾屬下的一些城池，並俘獲了六千多名（一稱萬名）的人口；但是索倫地方未被統一，博穆博果爾也沒有被擒獲，實在不算勝利的戰役，這也是皇太極後來議出征索倫主將多人犯罪、革職、罰銀，甚至籍沒家產的原因。

崇德五年（一六四〇）七月，皇太極為統一黑龍江上游廣大索倫地區，再度出兵征討。同年十二月中，清軍傳回主將擒獲博穆博果爾的捷報，並俘獲不少人口與牲畜。博穆博果爾的問題解決，清朝勢力遂進入貝加爾湖以東的地區。

崇德八年（一六四三），皇太極又下令用兵征討虎爾哈部，攻克三屯，招降四屯，獲得不少貂皮、人口與馬牛等牲畜，這次勝利是在皇太極死前不久的事。

綜上可知：經過努爾哈齊、皇太極父子兩代的努力經營，以剿撫兼施的手段，才把原屬於明朝奴兒干都司、遼東都司及蒙古東部管轄的區域，全部置於清朝的統治之下，也是繼遼、金、元、明之後，清朝重新又統一了這一廣大的地區。東北老家的統一，不單是解除了後顧之憂，也擴增了貂參之利與八旗勁旅的人力資源，清朝可以專力與明朝爭雄，與李自成等流民軍爭霸了。

37 皇太極與喇嘛教

喇嘛教是西藏佛教的通稱，現在稱為藏傳佛教。元朝初年，密宗高僧八思巴得元世祖寵信，封為國師與帝師，喇嘛教也因而成為元朝的國教。不過因為信教的多是蒙古貴族高層，對蒙族大眾影響並不大。明朝中期，漠南蒙古中的察哈爾蒙古，勢力強大了起來，他們征青海、西藏時，再度帶回了密宗的教義，並傳佈到了民間。後來該部車臣汗實行「以政治佛教，致大國於太平」的政策；其子林丹汗更「承受祕密精深之灌頂，扶持經教」，一時青海、北疆、喀爾喀（外）蒙古、漠南蒙古等廣大地區，都信奉喇嘛教了。由於喇嘛黃教支配如此眾多人民信仰，滿族人在崛起之時，即注意到此一事實，也相信他們對喇嘛教的政策，將直接影響滿族與蒙、藏兩族的關係，是滿族發展與成敗的關鍵。

滿族人的原始宗教信仰是薩滿教，努爾哈齊早年即信奉薩滿教。不過他為了爭取蒙、藏等族的支持，大約在十七世紀初期延請了一位到蒙古弘佛的西藏高僧來滿洲。這位名叫囊蘇（可能是職稱）的高僧於天命六年（一六二一）到遼瀋時，他「入汗衙門後，汗起身與喇嘛握手相見，併坐大宴之」。努爾哈齊待他極好，讓他在遼瀋地區傳教。囊蘇不久後圓寂，努爾哈齊還下令，「修建寶塔，斂藏舍利」。這就是遼陽城南喇嘛園，或稱蓮花寺的由來。

皇太極繼承汗位後，對喇嘛教的禮敬不減，甚至還有超過他父親的地方。現在舉些實例來作說明：

第一，天聰八年，皇太極的軍隊征察哈爾蒙古時，有位名叫墨爾根的喇嘛送來一尊金佛，是元世祖忽必烈大汗時的金鑄嘛哈噶拉佛像，屬於國寶級的。皇太極得到此一金佛之後，覺得有歷史傳承意義，乃在瀋陽城西建實勝寺供養之，並在寺內豎立東西兩碑，前後各刻滿、漢、蒙、藏四種文字，以示皇太極已取得喇嘛教護法的地位，也讓蒙、藏二族信徒，不再視滿洲為「異族」統治者。

第二，皇太極經常給蒙、藏喇嘛賜宴、賞銀、賞御服貂皮衣服，禮遇他們。同時在戰爭發生時，他也不斷下令說：「凡大軍所至，……勿毀廟宇，勿取廟中一切器皿，違者死。勿擾害廟內僧人，勿擅取其財物。……不許屯住廟中，違者治罪。」對喇嘛及其居住的廟宇盡力保護。有一次八旗兵進駐歸化城，這座城是當時蒙古黃教喇嘛的中心所在地，皇太極特別在主要大廟前張貼諭旨：命令「毋許拆毀」，也不准人入內「擅取器物」，否則「決不輕貸」。這種種都是他向蒙藏喇嘛教徒示好的。

第三，皇太極除了禮敬喇嘛、保護喇嘛外，他也寫信給西藏當局，希望派遣高僧來遼東傳教，以示他信佛的虔誠。他曾致書圖白忒汗，告訴他「釋氏所製經典，宜於流佈」，因此他要「延致高僧，宣揚法教」。他也給達賴喇嘛五世去信，說明他「不忍古來經典泯滅不傳」，所以有必要「宣揚佛教，利益眾生」。後來達賴喇嘛派了大型弘佛團到了瀋陽，皇太極對代表團「遇之優禮」，並「每五日一宴之，凡八閱月」。喇嘛教因此在遼東地區得以弘揚，皇太極與蒙藏的關係也進一步增強建立。

皇太極對喇嘛教雖然虔誠信奉，表現極佳；但是他並未失去理智，而是一直保持信佛不佞佛的態度。因此他對不法喇嘛、不守清規的喇嘛也不予寬貸。例如他在天聰五年閏十一月，就降諭說：

若本無誠潔之心，詐稱喇嘛班第和尚，容許婦女，不守清規者，勒令還俗。

四年多以後，即崇德元年春末夏初又命令：

喇嘛等口作訛言，假以供佛持戒為名，潛姦婦女，貪圖財利，常悖逆造罪，索取生人財物、牲畜，聲稱使人免罪於幽冥，誕妄莫過於此者，……嗣後，其蒙古人為死人懸轉輪結布旛之事，一律禁止。

皇太極也曾以行動整肅過喇嘛中的敗類，崇德三年他再訪歸化時，就發生過這樣的事件：他發現土謝圖親王下一喇嘛、扎魯特落青巴圖魯下一喇嘛，品行不端，不遵戒律，於是命令他們還俗娶妻。但是這兩位喇嘛不從命令，仍堅持出家，皇太極便命人把他們二人給閹了，免得他們再犯出家人的規條。同時就在這一次整肅行動中，有一些被喇嘛窩藏的漢人、朝鮮人都被從廟裡找出來，「俱遣還本主，給以妻室」。另外，又規定以後「凡人請爾喇嘛誦經者，必率眾喇嘛同行，不許一、二人私往」。

皇太極不僅管束壞喇嘛，他對佞佛的滿洲親貴也同樣的給予制裁處分。清朝官書中就記載了這樣的事：

多羅饒餘貝勒阿巴泰違法，擅留喇嘛於家。理藩院以奏，下法司審實，擬罰銀三百兩，仍罰人五名、牛三頭；其喇嘛即令遣出，奏聞，上罰阿巴泰銀一百五十兩，喇嘛交以察漢喇嘛。

從以上敘述可知：滿洲部族發展到皇太極時代，帝國規模初具了，而且又有了征服全中國的企圖心，皇太極為了聯絡蒙藏的黃教世界，為了專心南侵漢人的明朝，乃加強與喇嘛教的關係，以喇嘛教的護法自居，使蒙古各部「一心歸之」，以達到南向征服更多土地的目的。努爾哈齊、皇太極父子崇敬喇嘛多少是帶有功利目的的，也是一種策略上的運用。不過滿族領導人信佛不佞佛，所以他們沒有像蒙古部族那樣，喪失尚武精神，弄到民窮財盡的地步。

38 皇太極與蒙藏喇嘛

西藏的喇嘛教，現在應該稱為藏傳佛教，在努爾哈齊時已經傳入了滿洲，並為高層人士所信奉。皇太極時代，對喇嘛教更是提倡，他為喇嘛們造過蓮花園與實勝寺，他在戰爭中下令保護各地喇嘛廟宇與喇嘛們的生命財產，他經常宴請蒙藏高僧，賜贈銀兩，延請西藏僧人來瀋陽佈教，甚至應蒙古人之請釋放過陣前俘獲的漢人軍官丁副將。他的這些表現，難怪一般滿族人對他有「曲庇番僧」的印象。

皇太極的優禮喇嘛實在是有其功利目的的，他想藉崇高喇嘛教而與當時的黃教蒙藏世界建立良好關係，以減少他專心與明朝抗爭的牽制力量。正如他的後世子孫們說的：「興黃教，即所以曳蒙古，所繫非小。」事實上，滿洲人後來建立大清朝，臣服朝鮮國，打下遼河東西，入關定鼎中原，如果不是先把蒙、藏問題解決，恐怕是有大困難的。

皇太極不但有「興黃教」、「曳蒙古」的宏觀遠見，事實上在他生前我們就看到他就成功的利用了一批蒙藏喇嘛，這些喇嘛為皇太極的一生事功與大清朝的建立可以說都作出過不少的貢獻。現在略舉數例，分述如下：

一、皇太極利用喇嘛為他辦理外交。根據可靠史料，天聰元年（一六二七）三月，明朝派人送來喇嘛們寫的信給皇太極，勸他「回頭是岸，干戈早息」。後金方面也回信給袁崇煥與李喇嘛，說明只要明朝納幣帛等物，即可議和，並對李喇嘛提到，「人相敬，則爭心自息」的話，希望明朝能誠信的談和。在滿洲文的檔案中我們也看到明朝後來派出白喇嘛等人到瀋陽行弔唁禮，並作進一步的和談。皇太極在該年閏四月「遣喇嘛復（明使）杜明仲書」，願以大凌河為界，「三岔河為我界」，至於「修好之禮相魄財帛，爾等計之」，同時又警告袁崇煥「毋得頭頂皇天而施諸詭計也」。天聰三年六月，皇太極又對後金諸貝勒、大臣們說到「從前遣白喇嘛向明朝議和」的事，可見當時後金與明朝談和，都是以喇嘛出使或作書的。袁崇煥死後，皇太極與明方仍在談和。天聰六年十一月初八日《滿文老檔》裡還有一條記事說：

遣往寧遠之衛徵喇嘛還。喇嘛報稱：寧遠各官曰：爾方來書固封，未奉我帝命，不敢擅開。爾可攜還，奏報爾汗即將書露封，迅速送來，待我等閱畢，奏聞我帝等語。遂將書退還。

同月初十日，後金「復遣衛徵喇嘛往寧遠，齎前書露封，又增一書」。這是喇嘛為後金對明朝辦外交的例證。

皇太極也常以喇嘛為他辦理與蒙古各部的外交。例如在崇德元年（一六三六）十一月，蒙古喀爾喀部派了喇嘛作使臣送禮通好，皇太極除了賞賜來使多項禮物外，又派了察漢喇嘛等人去喀爾喀報聘，增進雙方友好關係。又如崇德元年八月十七日，皇太極「聞法庫山喇嘛滿珠習禮胡圖克圖卒，遣察漢喇嘛、畢里克圖囊蘇往視之」。這又可說明皇太極確曾利用喇嘛為他去辦理過蒙藏各族的外交。

二、皇太極利用喇嘛為他從事貿易工作。自從後金與明朝正式交戰之後，明朝對東北女真實行經濟封鎖，斷絕彼此貿易，而滿洲缺乏物品，急需從周圍國家與部落獲得。儘管朝鮮可以供應一部份，但為數不多，所以皇太極就利用蒙藏喇嘛在明朝與蒙古等地奔走，取得若干貨物的來源。崇德元年二月十五日，《滿文老檔》中記：

察漢喇嘛、額爾德尼囊蘇、艾松古、遠岱、邦遜率每家十五人，各攜貂皮五十張、人參百觔，往大明國邊門殺虎口貿易。

察漢喇嘛等經過四個多月的時間，才完成這次貿易任務，於同年六月底返回瀋陽。喇嘛為大清國從事貿易工作，似乎不限於明朝，有時對蒙古各部也是由他們主持的，崇德三年七月十一日內國史院滿文檔案中就有記載說：

是日，遣額爾德尼囊蘇喇嘛、多爾濟達爾漢諾顏、艾松古等率四十人，攜黑貂皮一千七百張，人參二千七百斤，前往蒙古、土默特部落貿易。

率領這個貿易團的首腦人物是喇嘛，顯然這是皇太極當時的政策之一了。

三、皇太極利用喇嘛來為他安置降人。滿洲人興起之後，女真民族被他們先後統一了，在此過程當中，也有不少漢人、蒙人被俘獲或投降，這是日後蒙古、漢軍八旗編成的原因。對於安置蒙古等降人，皇太極確曾利用過喇嘛，以下的一些案例，可以說明：

天聰七年（一六三三）十一月十六日，滿文寫的舊檔案裡就記載說：

先是遣額爾德尼囊蘇喇嘛、哈爾松阿往迎察哈爾部歸附之眾，至是還。言伊等渡黃河前行三日，遇塞冷參車臣寨桑、祁他特車爾貝寨桑……等率四百戶來歸，遂攜之渡黃河居於西拉木倫地方。又有未渡河應俟冰結後至者，……計五千戶二萬口。

天聰八元八月十四日，皇太極又派必爾禮克圖囊蘇喇嘛去迎接墨爾根喇嘛，這件事對滿洲與黃教世界的關係極為重大，對滿洲日後的發展也有著極為重要的關係。史料中記：

> 蒙古大元國世祖忽必烈汗時，有帕斯巴喇嘛用金鑄嘛哈噶喇佛像，奉祀於五臺山，後請於薩思遐地方。又有沙爾巴胡圖克圖喇嘛復移於大元國裔蒙古察哈爾國祀之。奉天承運滿洲國天聰汗（指皇太極）威德遐敷，征服察哈爾國，旌旗西指，察哈爾汗不戰自逃，其部眾盡來歸，於是墨爾根喇嘛載嘛哈噶喇佛像來歸。天聰汗遣必禮克圖囊蘇喇嘛往迎之。天聰八年甲戌年季冬月十五日丁酉，必禮克圖囊蘇喇嘛攜墨爾根喇嘛至盛京城。

皇太極後來為這尊金佛建造了實勝寺供養，寺中豎立滿蒙藏漢文字石碑，以示皇太極已取得了喇嘛教的護法地位，從此他控制了黃教世界，有了崇高的名義。解除蒙藏的威脅，當然對他南下征明、東伐朝鮮是有益的。

崇德三年（一六三八）大清國改蒙古衙門為理藩院，不少蒙藏降人編入八旗之事也是喇嘛們做的，國史院收藏的滿文檔案中常見：遣額爾德尼達爾漢喇嘛收蒙古土默特部博碩克圖汗所屬潰散之民，編為旗分。收察哈爾汗所屬降民入旗等等，可見喇嘛們在當時確實做了這方面的事。

四、皇太極利用喇嘛修廟傳教。喇嘛教傳到滿洲的時間較晚，努爾哈齊才由蒙古引進來遼東地區。皇太極繼承大汗之後，為聯絡蒙藏關係，喇嘛教受到後金與大清的尊崇，建廟與大規模弘揚喇嘛教的事也不時舉行。為了供養蒙古喇嘛送來的嘛哈噶喇金佛，皇太極不惜工本在瀋陽附近建築了實勝寺，據說這座大廟「殿宇弘麗，塑像巍峨」，「有須彌山七寶八物，及金壺、金鐘、金銀器皿」，「諸品經卷」等等。當然滿族人對喇嘛教的教義知識還不豐富，一切事宜多賴喇嘛們指導協助。寺廟修建時，喇嘛畫工畫匠們及蓋瓦工人們出力不少，建成後皇太極曾宰牛、治筵八棹，犒賞他們。大廟舉行落成禮時，又有不少喇嘛在典禮中擔任重要工作，如「擊鐘鼓作樂」，「以百果食物及奶子酒一壺供置于案」等工作只有喇嘛熟悉會做。在行禮時，「必禮克圖囊蘇喇嘛，引汗至佛位前，以祭用金曼陀羅授上，上以雙手恭受，置於佛前祭案上」，當時「眾喇嘛作樂誦經，聖汗率眾免冠至大佛前，行三跪九叩頭禮。行禮畢，眾喇嘛引汗繞觀佛位」。莊嚴的落成典禮之後，皇太極當然重賞了這些有功的喇嘛，或給蟒緞，或給銀兩。當時在後金或大清的喇嘛，他們是建寺廟、繪佛身、排佛位、辦典禮的專家，皇太極不得不利用他們工作。

也許因喇嘛們是出家人，嚴禁殺生，所以史料裡少見有喇嘛從征作戰的事。只有喇嘛在皇太極征途中來呈獻馬匹，或率眾來歡迎的，但為數也不多。不過崇德八年正月十六日有一條記事是比較特殊的，文中記：「敘往征松阿里江沙爾虎達朱喇嘛等章京功。」賞了他們銀兩、青布，甚至婦女，顯然這些喇嘛已不是一般的喇嘛了。

總之，皇太極崇信喇嘛教有他政治功利的目的，而喇嘛教的高僧們早就被他利用、為他服務了。

39 皇太極與薩滿教

薩滿教是亞洲北部眾多民族的普遍宗教信仰，滿族及其祖先，多年來也信奉薩滿。宋朝人徐夢莘在《三朝北盟會編》中就記述金朝女真人信薩滿，他說：「珊蠻者，女真語巫嫗也。」「珊蠻」與「薩滿」是同音異譯詞，源於女真與滿洲語之Saman。在通古斯語中，薩滿原意為激動不安或瘋狂之人，後來演化為巫師。早年薩滿多為女子，故有「巫嫗」之說。

薩滿教是具有悠久歷史的原始宗教，該教以薩滿作為人與神之間的中介。據說薩滿有超自然的能力，可以為人向神明或祖先表示禮敬，或請求協助與指點迷津，他們可以為一般人祭神問神、祈求遇險得救、遠征安返、重病康復、久旱降雨等等大小疑難事務。薩滿教沒有高深的宗教哲理，單純迷信，所以他們崇拜多神，如圖騰神、祖先神、自然神、動、植物神等等。後來又因為與漢文化接觸，佛、道兩教也影響了他們，薩滿於是又崇拜釋迦牟尼、觀音大士、灶神、財神、城隍、閻羅王、關聖帝君等神明了。

明朝遼東女真人多信薩滿，朝鮮人就記述過有關這方面的事。據《李朝實錄》成宗十四年（即明憲宗成化十九年，一四八三）十月戊寅日條記：

野人（按指女真人）趙伊時哈等八人辭，命都承旨李世佐賜酒，……（李世佐）又問：有祭祀之禮乎？答曰：祭天則前後齋戒，殺牛以祭。又於月望，祭七星，然此非常行之事。若有疾病，祈禱則有之耳。

到了努爾哈齊崛起的時代，即十六世紀至十七世紀之時，朝鮮人訪問建州女真部落，親身觀察後曾記述：

疾病則絕無醫藥針砭之術，只使巫覡禱祝，殺豬裂紙以祈神，故胡中以豬、紙為活人之物，其價甚貴云。

這是說明女真人生病時不用醫藥，只是請薩滿來為病人驅魔治病。當時的朝鮮人還看到努爾哈齊自己與部眾們在除夕日歡宴時「爬柳箕」。女真人尊敬柳樹，以柳樹為圖騰神，「爬柳箕」

作為餘興節目，也是薩滿教舊俗的一項遺痕。

努爾哈齊與皇太極父子二人，為統一與領導女真各部，當然不會刻意反對薩滿信仰，薩滿教在部族中流行是合理之事。皇太極就曾對堂兄弟濟爾哈朗說過：「薩滿經文，平昔考究者，爾等較初懶怠。」可見當時皇太極是信仰薩滿教的，而且還有薩滿教的經文存在。不過，薩滿教畢竟是一個迷信的宗教，而且在祭神時又糜費很多，對於後金汗國的政治統治與經濟發展是有危害的。加上西藏喇嘛教已從蒙古傳來滿洲，而喇嘛教又是蒙藏人士篤信的宗教，努爾哈齊父子當然會利用喇嘛教來作統治的精神工具。因此到皇太極繼承汗位之後，他對本土的薩滿教做了一些整頓與控制。

崇德三年（一六三八）四月間，皇太極的侄子岳託娶的一個側室，大老婆不滿意她，有一次叫這位側室來她家，並令側室低頭，摘她頭上一髮。側室回家後派人到大福晉（大老婆）家索回頭髮，大福晉說：「見爾髮上有蟣蝨，為爾捉去，誤摘一髮，已於爾面前擲之矣。」並恐嚇側室說：「我取爾髮何用？若聲張此事，於爾不利！」側室不服，便將此事呈訴法司。後來經調查、審問，證實是「摘髮以欺新福晉」，法司們認為「此係妖術，罪在不赦」，應將大福晉論死。皇太極最後裁決命岳託「另築室於園中，令彼分居，以撫養幼子，許伊為幼子賽神，不許為貝勒賽神」。這一史實說明了當時人仍迷信薩滿教的一些「妖術」，「賽神」就是薩滿教中最重視的「跳神」

活動，在當時顯然仍是大行其道的。

同年又發生了一件事，正黃旗旗主譚泰告到法司，說他已死去哥哥納穆泰的丈母娘祭兒子時，帶了一個「能眼見靈魂之女巫」同往，這個女巫對他丈母娘說：妳兒子仍健在，何必祭他呢？因而將早先準備好的焚化衣服又帶回家了。事實上丈母娘的兒子確實是死了。為了破除這一迷信，皇太極下令將這位丈母娘與女巫都處死了。

還有一位正黃旗下屬人蘇拜，因為他的妻子迷信薩滿，連續祭神三次，終於「耗盡家產」，逼得她丈夫告官，經有關官員審理，認為蘇拜的媳婦「精神恍惚」，患有「心病」，判她無罪，皇太極不以為然，除了處分主審官濟爾哈朗「雕鞍馬一匹入官」外，又輕重不等的處罰了其他的相關官員，以示對薩滿教的迷信不能鼓勵。

崇德七年（一六四二）十月，多羅厄勒紅貝勒妃家屬人石漢，叫巫人精古打剪紙人九個，同一太監對七星下祈禱，燒掉一半紙人，其餘的給埋入地下。可是貝勒的妃子病勢不見好轉，先是發昏，後來根本動不得了。皇太極知道此事之後，殺了巫人。對於薩滿治病的事，皇太極並不相信，他曾經下過命令說：「滿洲、蒙古、漢人端公、道士，永不許與人家跳神拿邪，妄言禍福，蠱惑人心，若不遵者殺之。」可是禁令歸禁令，旗下人仍舊有信仰薩滿的。

皇太極對自家原始宗教薩滿教如此嚴厲的打擊，可是他對外來的喇嘛教卻又是十分提倡。他為了供奉喇嘛教金佛，在瀋陽郊外興建過實勝寺，富麗堂皇，一共用了「金子三百四十四兩五錢」為大佛製神位與器皿。他又禮遇喇嘛，賞賜給他們金錢飲食。另外，在戰爭時他又一再下令要保護喇嘛，並命令八旗兵丁，「勿毀廟宇，勿取廟中一切器皿，違者死」。他更從西藏請來高僧到瀋陽弘佛講道，一住就是八個月，「遇之優禮」，可謂無以復加。當然，皇太極是為聯絡蒙、藏喇嘛教世界才這樣優待喇嘛的，而在本土的薩滿信徒心中，一定有些不平的情緒，包括滿洲貴族在內，大家都有皇太極「曲庇番僧（喇嘛）」的感覺。因此在滿洲文學作品《尼山薩滿傳》等書中，已見對皇太極政權的不滿了，這也是可以理解的事。

40 改革滿洲陋習

前面談到了滿洲本土宗教薩滿教的被打壓以及喇嘛教在清初社會中的流行。事實上從十四、五世紀開始，佛教就已經傳入女真族中，尤其上層社會人士多信奉佛教，包括努爾哈齊在內，朝鮮人訪問建州衛老寨子時，就看到努爾哈齊手持佛珠唸佛的事。在明朝的規制中，建州衛也有「僧綱司」這樣的宗教單位，管理區域內的僧人。到後金汗國成立後，滿文檔案中也常有僧人、道士的記事，以及在瀋陽、遼陽一帶建造大廟的紀錄。十七世紀三十年代以後，努爾哈齊、皇太極又引進了喇嘛教，這件事固然出於拉攏蒙藏關係，但多少也有以優良宗教淘汰劣質宗教有關。

除了在宗教信仰上往進步的方向走以外，皇太極又先後下令摒棄或革除本族的一些陋習。例如在婚姻制度上，他看到他們舊社會裡有亂婚的現象，甚至「宗室人之妻、伯母、嬸母、嫂子、有亂娶之習」。於是在天聰九年（一六三五）十二月先指出，「宗室內妄娶叔父、兄弟之妻，非理也」。崇德改元之後，他以上諭明確規定說：「自今以後凡人不許娶庶母及族中伯母、嬸母、嫂子、媳婦。」對這一規定還加了如下的說明：

凡女人若喪夫，欲守其家資、子女者，由本人（家）宜恩養，若欲改嫁者，本家無人看管，任族中兄弟聘與異姓之人。若不遵法，族中相娶者，與奸淫之事一例同罪。漢人、高麗，因曉道理，不娶族中婦女為妻。凡人既生為人，若娶族中婦女，與禽獸何異！我想及此，方立其法。

滿洲人的舊社會中本來行「蒸報制」，「嫁娶不擇族類，父死而子妻其母」，哥哥死了，弟弟也可以娶嫂嫂為妻。另外，婚姻也不論輩分親屬關係，連皇太極自己也娶了蒙古科爾沁部的姑姪二人為妻，這是氏族社會古老婚俗的殘存，也是把婦女視為家有共同財產習俗的殘跡。皇太極的婚姻是早年他父親為他訂好，也算是「政治婚姻」，他現在看到這種陋習，要仿效漢人的文化傳統，不得亂婚，確是一種很大的進步。

崇德五年（一六四〇），清朝政府宣佈「大惡」大罪，其中一條是「與宗族通奸」，這是皇太極嚴禁亂婚的更進一步，他已經把陋習改革形成法律條文來禁止了，可見他的改革決心。

滿族當時社會中還盛行一種殉葬的不文明惡習，「夫死妻殉」、「主死奴殉」是經常可見的。皇太極的生母死後以「四婢殉之」，努爾哈齊死後多爾袞的生母被逼殉，都是顯例。這又是婦女處於依附男人，奴隸處於依附主人地位的結果。天聰八年（一六三四）二月，皇太極為改革這種惡習，曾作出規定：

婦人有欲殉其夫者，平居夫妻相得，夫死，許其妻殉，仍行旌表。若相得之妻不殉，而強迫侍妾殉者，其妻論死。若不相得之妻及媵妾，俱不許殉。違律自殉者，棄其屍，仍令其家賠婦人一口入官。有首告者，將首告之人准離本主，夫族兄弟，各坐以應得之罪。

由此可見：皇太極對殉葬的陋習一時還不能徹底的革除，只作了適當的改變，視威逼殉死為犯罪，規定賠償條款，但仍准「夫妻相得」而又自願者可殉死，並加以旌表。雖然這是美中不足之處，然而已經視殉死為非人道陋習，立法來限制了，這當然有著移風易俗的作用。

自從努爾哈齊打下遼東若干大城之後，金銀財物積貯日多，滿洲社會風氣也隨之敗壞，殯葬之費也愈來愈多，皇太極有鑒於此，曾公開說過：人生下來時，穿的衣服、吃的牲畜，能與之一起來嗎？凡穿吃不過是陽間所用之物，死後到了陰間，家人燒掉陽間用物，死者真能得到嗎？不過是無益之費而已。因此他下令規定：

自貝勒以下，牛彔額真以上，有死葬者，許焚冬衣、春秋衣、夏衣，各三襲。庶人許焚冬衣一襲、夏衣一襲、春秋衣一襲。自貝勒以至庶人有不及此數者聽之。

皇太極規定了從平民到各級官員乃至諸王貝勒祭祀死人焚衣的標準，並說明「無益之費」的原因，充分表明了他禁止浪費的態度。

皇太極不但嚴禁死者浪費，對生者的奢靡之風也十分關心。他認為大量的煙酒花費，會使人民變窮、國家衰亡。他對八旗子弟「輕裘肥馬，揚揚得意」的富貴驕人之情，極為不滿。天聰六年（一六三四）十二月他下令規定：「八固山（旗）諸貝勒在城中行走，冬夏俱服朝服，出外方許服便服。冬月入朝，許戴玄狐大帽。」穿衣戴帽都予以規定，對滿洲王公官員及八旗子弟的奢侈風氣，必然有正面的制止作用。

皇太極在位時摒棄或革除若干滿洲陋習，使滿族走上健康發展的道路，標誌著滿洲社會文明達到一個新的水準。

41 皇太極成就的文化工程

皇太極自二十歲之後即參加軍隊東征西討，征烏喇、薩爾滸山之役、遼東、遼西各次戰爭，伐蒙古、打朝鮮、突襲北京、進攻松錦等等，幾乎他都身臨戰場，無役不與。他確實是一位道地的軍事將領。不過，在他一生的事功當中，文化方面也有著不少的成就。

天聰元年（一六二七）他繼承大汗之後，由於他對漢人文化有正確的認識，並有仰慕的傾向，所以在吸取的態度方面是積極的。當時投降的漢人大臣若有建議，只要是對全國、對滿洲族人有益的，他都全盤接受，因此「漢化」的程度日益加深，文化工程也隨之得以建設。天聰三年（一六二九），他下令擴大以前「書房」的規模與職掌，改建為「文館」，並命文館裡的大臣們分為兩班，一班負責翻譯漢文典籍，一班專門記注本朝政事。

不論是翻譯漢文的古籍或是記注全國的政事，都需要有完備的文字。滿洲人的祖先在蒙古人統治期間，原有的女真文字幾乎被毀滅掉了；在明朝時代，女真部落的長官們只會蒙文的多，或是少數人以漢文與明朝通書的。直到明神宗萬曆二十七年（一五九九）年，努爾哈齊才命令儒臣額爾德尼等人仿照蒙古字外形創造滿洲文字，這種新創的文字不很完善，除了字形不統一外，清濁音也分不清，語法也無規範，對於漢文這類外來語又不能正確的拼寫，加上有時還得借用蒙古字，所以極不理想。皇太極成立文館後的第三年，即天聰六年（一六三二），下令儒臣達海將草創的滿洲文字加以改革。達海利用在字母旁邊加圈加點等新符號的方法，區別了原有的語音，固定了字形，並增加了一些新字母來拼寫外來文字，使滿洲字變得較為完善。努爾哈齊時代新創的滿洲文一般被稱為「老滿文」，或是「未加圈點的滿文」。皇太極時代經達海等人改革過的滿洲文因而就稱為「加了圈點的滿文」或是「新滿文」。有了比較完備的自己的文字，翻譯漢文書籍與記注國家政事的工作便能做得更好了。

在設立文館的期間，翻譯漢文書籍者以達海的成就最大，滿文檔冊說：

> 達海用滿文翻譯漢籍，計有：《萬全寶書》、《刑部》（原檔殘缺）、《素書》、《三略》。始譯而未竣者有《通鑑》、《六韜》、《孟子》、《三國演義》、《大乘經》。

同書中對達海讚美說：

昔滿洲國未深諳典故，諸事皆以意創行。達海巴克什始用滿文譯歷代漢籍，頒行國中，滿洲人不曾聞知之典故文義，由此通曉之。

事實上，達海也參加了《明會典》的翻譯工作，這部書對皇太極用明朝制度改組他的政權體制，產生過極大的影響。日後編成的《崇德會典》，就有很多取材於此。《素書》與《三略》、《六韜》一樣，都屬於中國古代的兵書，可見皇太極當時極重視軍事上的實用知識。又《刑部……》顯然是與法制有關的，也是後金國亟需的參考專書。滿洲人早期的法律，基本上是一種習慣法，沒有多種的成文法。從努爾哈齊時代以理事十大臣與議政五大臣審案，以及最後由最高主旗貝勒定罪的程序看，當時的司法制度，根本是以各旗旗主為主的「私家」斷案的不成文法，全國沒有統一法律可以遵行，各旗所有人當然就操縱聽斷訴訟之權了。達海等人翻譯了明朝刑部的法規條文，當然使得後金全國的法律變得公正多了，中央也能集中司法權了。

達海死後幾年，文館隨著大清國的建立，改組成為「內三院」，職掌與功能都加強了，譯書的工作又有了一番新氣象。天聰九年（一六三五）五月二十日，皇太極召集內三院的官員，對他們說：

我觀漢文書，虛偽之詞甚多，雖全覽無用也。今宜於大遼、金、宋、大元四史內，其四國勤於求治國而祚昌隆，或所行悖逆而基業廢墮，用兵行師之方略，以及佐理之忠良、亂國之奸佞，有關政要者，擇錄編譯，以備常觀覽。至漢文通鑑之外，其他典籍所載，如交戰幾何，逞施法術之語，皆係虛妄。此等書籍傳之國中，無知之人必信之，當停其編譯。

皇太極的指示說明了譯書的目的在實用，在對大清國有益。

至於記注本朝政事，從滿洲文發明之後不久就開始寫記了。額爾德尼等人曾把努爾哈齊「所建立的一切善政都錄記了下來，而且是經常的事」，這是在後金汗國成立前一年，即明萬曆四十三年，西元一六一五年就有此說法。其後「書房」裡不斷有人記政事，用「櫃子收貯文書」，數量必然不少。這一傳統一直沿用到文館與內三院時代，所以有關後金及大清初年的記事檔案很多。清朝入關時，這批舊檔也帶到了北京，貯藏在內閣大庫房中，其中一部份在乾隆初年被人發現，總共四十本，內容是記錄努爾哈齊與皇太極兩朝的政事，各佔二十大冊，時間前後歷三十年，即從明萬曆三十五年至清太宗皇太極崇德元年，以西元來算，是一六〇七年至一六三六年。乾隆時期曾經把這批舊原始檔案重新裝裱了一番，並且用新舊滿文全部再謄寫了一遍（因原始檔冊有些用老滿洲文寫的，乾隆皇帝為流傳後世，命大臣用當時的新滿文重寫了全部檔冊，也把老滿文的重鈔，又複製了幾套）。原始檔冊與重鈔本子有放在北京的，而在盛京（瀋陽）又特別送去各一套新舊滿文的重鈔本，安放在崇謨閣裡敬謹尊藏。現在這批檔冊都還完整存在，最原始的本子藏在臺北的故宮博物院。內三院也記注了一批崇德朝與順治時期的檔冊，加上天聰三年成立文館後的舊檔，積累的資料也相當可觀，其中雖有部份散失，然全貌尚存，也是清朝入關前的文獻瑰寶。

以上這些滿洲文史料，大陸學者已部份翻譯成漢文，成書問世了，書名為《滿文老檔》與《清初內國史院滿文檔案譯編》，史料價值很高，值得參考。

皇太極時代還仿照漢人文化傳統為他父親努爾哈齊修過《實錄》，他曾諭令文館大臣說：「朕嗣大位，凡皇考太祖行政、用兵之道，若不一一備載，垂之史冊，則後世子孫，無由而知。」因此文館就遵命為努爾哈齊纂修了《太祖武皇帝實錄》。天聰九年（一六三五）八月，先完成《清太祖實錄圖》，皇太極還特為此事賞了畫工張儉人口一戶、牛一頭；另一位畫工張應魁人口一戶。第二年，即崇德元年，《清太祖武皇帝實錄》告成，這部書是用滿、蒙、漢三種文字寫成的，當時皇太極非常重視此事，特為之舉行隆重的告成典禮，並給予參與修纂的二十多名官員重賞。乾隆時期，政府出版了一種《滿洲實錄》，以滿、蒙、漢三種文字寫成，又配上幾十幅插圖，相信就是依據當年的《清太祖實錄圖》與《清太祖武皇帝實錄》兩書綜合編寫而成的。

滿洲語文是阿爾泰民族語系的一支，屬拼音文字，與漢字的六書成字不同。皇太極時代給老滿文作了改革，使得滿文在外形與音義上更形完善，專家們利用它翻譯了不少漢文書籍，也記錄下了滿族發展初期的情形，這對後世是具有深遠影響的。例如：第一、當時譯書數量雖不為多，而且重實用；但對滿漢文化交流及滿族文化水平提高確有作用，甚至對大清國的發展也有助益。而且譯書的傳統一直延續到盛清康、雍、乾各朝，中國古典漢文經書幾乎全都有了滿文譯本，這些譯本後來又被西洋傳教士用為依據，譯成拉丁文與法文本的中國古籍，流傳到歐洲，造成歐洲人研究中國學問的高潮，可見滿文譯書在中西文化交流上作過很大貢獻。第二、早年以滿文記注的檔冊、編纂的史書，保留下了大量的滿族人初興時實狀資料，包括八旗組織、行政事務、戰爭記錄、習慣法規、經濟生活、社會舊俗、族內紛爭等等，對於後世人研究清初史事而言，這批資料無異是罕見的珍寶，是一批絕無僅有的滿族文化遺珍。而以上的這些貢獻，確實都是皇太極一手成就的，我們不能不加以注意。

42 新滿文與老滿文

很多人都知道清朝是滿洲人建立的，可是滿洲人有他們自創的文字「滿洲文」，就不一定是一般人皆知的事了，尤其是滿洲文還有新、舊（老）之分，讀者諸君，你對此有了解嗎？

滿洲人是阿爾泰語系南支的一族，他們的語言被稱為阿爾泰語，從歷史上及目前還在使用的情形來說，自土耳其往東的中亞、西伯利亞、新疆、蒙古、東北、朝鮮半島、庫頁島，乃至日本（日本人自稱大和民族，不承認是阿爾泰語族人，當然他們也有人否認自己的語言是阿爾泰語的）一帶地區，多數原住民使用的語言都叫阿爾泰語。若以語言內容來細分，在中國境內就可以分作三個語族，即一、阿爾泰系突厥語族，包括維吾爾語、哈薩克語、克爾克茲語。二、阿爾泰系蒙古語族，包括蒙古語、達呼爾語、布利亞特語等。三、阿爾泰系滿洲語族，包括錫伯、赫哲、鄂倫春語等。以上這些阿爾泰語族的語言源頭，歐洲學者曾在十八世紀時代作過研究，證實可能與敘利亞古語文有關。

滿洲人的祖先女真人，曾在十二世紀初年的金朝盛世創造過女真大字，後來又再創造女真小字，與大字並用。當時的女真字是在契丹字的基礎上造成的，外形有如漢字方塊形狀，與日後滿洲文的外形頗不相同。金朝被蒙古人消滅之後，遼東地區被蒙古統治，度過幾十年的黑暗時期，女真文字到元朝末年已幾乎不存在了。明朝以衛所制度統治東北大地，任職衛所的指揮官員，大多「無識女真字者」，他們只能看懂蒙古字而已。

不過在中國東北地區生活的原住女真人，他們雖沒有了通行的文字，但語言仍存在，並且大體上還能在各地相通。努爾哈齊崛起之後，感到漢人有漢字，蒙古人有蒙古字，而滿洲人只有語言而無書寫文字，確是憾事，乃命文臣依蒙古字形創造滿洲文字，這是明朝神宗萬曆二十七年（一五九九）的事。

努爾哈齊下令創製的滿洲文外形極似蒙古文，不過是蒙古文的舊體形式。原來蒙古人在早年也沒有官定的書寫文字。成吉思汗征伐乃蠻時，俘獲了乃蠻太陽汗的掌印官塔塔統阿，成吉思汗見他有才學，為人忠誠，因而也派他當了管印官；塔塔統阿是維吾爾人，於是就命令塔塔統阿以維吾爾字寫蒙古語音，因而創造了蒙古字。當時新創的這種蒙古字由上而下，由左而右，直行書寫，後世人稱之為老蒙文或舊蒙文。老蒙文創製之後，由於字母比較容易書寫，使用簡便，流傳很快，一時廣泛的為蒙古人與維吾爾人所學習。到了元世祖忽必烈時代，為了翻譯梵文與藏文的佛經，曾在中統元年（一二六〇）命國師八思巴另創蒙古新字，後人稱為新蒙文。八思巴所創的新蒙文雖然講求諧聲，發音比較正確，但是過於繁雜，不容易書寫，因而流傳不廣，到元朝覆亡時也跟著消失了。滿洲文是依著老蒙文字形編成的，與塔塔統阿首創的蒙古字有關，或者可以說老滿文脫胎於老蒙文。

努爾哈齊命令文臣「以蒙古字編成國語（按指滿洲文）」，由於製作的時間不長，形聲都不很完備，有時還借用了蒙古文字，內容可以說很粗糙。皇太極登基以後，與漢人的來往增多，戰爭中取得城鎮與俘獲的漢人也大增，文館中記注政事的官員及翻譯中國古書的專家們，都感到滿洲文的字彙太少，字形不統一，清濁音不分，語法無規範，特別對漢文中的專有名詞與人名有時極難翻譯準確，因此在天聰六年（一六三二），皇太極又下令叫文臣達海等人將滿文作一些改良。達海等於是利用在文字邊上加上「圈」、「點」，以固定字形，確定發音，另外又增加了新字母，來充實滿洲文字拼切外來語的準確性。經過這次改革，滿洲文比初創時完備多了。

努爾哈齊時代的滿洲文因為無圈點，所以稱為「無圈點滿文」、「沒有放上圈點的滿文」，後人統稱之為「老滿文」。皇太極改良後的滿文，因為加了圈點，所以稱為「加圈點滿文」、「

放上圈點的滿文」，通稱為「新滿文」。

滿洲文是「以蒙古字編成」的，而蒙古字又是依古維吾爾字創製的，它們都有著中東敘利亞古文字的源頭。敘利亞文字與西方文字一樣，是傍行由左向右寫的，而古維吾爾文、蒙文、滿文則是直寫，不是傍行橫寫，而且是由上而下的，和敘利亞文頗有不同。據法國學者研究的結論，認為維吾爾人早年與漢人多有接觸，文書中夾帶漢文，所以變通文字書寫習慣，改成由上而下，但仍由左而右的書寫，這也影響到了蒙文、滿文日後的寫記方式。滿文與蒙文一樣，因為具有西方源頭，所以係拼音文字，不像漢文是由六書形成的。同時滿文的名詞有格、數的範疇；動詞有體、態、時、式的範疇；文句構成順序也與漢文有異，滿文與日文、韓文一樣，動詞、謂詞在賓詞之後，定語則在被修飾語之前。

新滿文與老滿文之間究竟有些什麼差異呢？莊吉發教授曾經利用珍藏臺北故宮博物院最原始的老滿文檔冊，與後來改良過的新滿文作了比對，發現有如下幾點事實：

一、簡化舊字拼音：如「敵人」老滿文作batta，新滿文作bata。「那些」老滿文寫成buttala，新滿文則簡化為butala。「給予」老滿文是buu，新滿文作bu。日本人被稱為「倭子」，老滿文為oose，新滿文則寫成ose等等。

二、增加捲舌音字：老滿文中稱「太陽」為siyun，新滿文改成šun。東北出產名鷗叫「海東青」的，在老滿文中寫成siongkoro，新滿文改作šongkoro。「鞭打」舊作siusihalame，新滿文作šusihalame。還有一些漢字人名、地名，因捲舌音的使用變得正確了。

三、改寫以免混淆：老滿文把「雨」字寫成abga，這個字如不加圈點幾乎與「天」（abka）毫無分別。新滿文中把「雨」寫成aga，不但與「天」有了大區別，同時aga一字是字邊加上一點，又與字邊加上一圈的「奴隸」、「奴才」（aha）不同了，而且懂得滿文的人一看便知，絕無致誤的可能。

總之，新滿文的改良問世，不但使滿文本身變得完備，同時也因記事、翻譯方面更為方便、正確，而對後世人研究滿文演進、鈎考清史實況，作了很大貢獻。

43 皇太極時代滿文史料的價值

研究歷史，重建過去的真相，最重要的是靠可靠的、原始的資料。清朝初年的歷史，由於史料不多，加上滿洲人入關後有隱諱寒微家世的心態，因此他們在關外的一些史實就更難採求了。幸好努爾哈齊時代創造了滿洲文字，開始記錄部族中的史事。皇太極又是一位重視歷史教訓的君主，擴大增建了政府的文書衙門，派專人記載國家的大小史事，這是努爾哈齊與皇太極時代留下不少當年書檔的原因。又由於滿洲文記事詳盡、史文樸實，頗能留下不少珍貴史料，現在略舉數例，以為說明。

清朝尚未建立的前幾年，皇太極即仿照漢人中央政府的舊例，為死去的前朝皇帝修《實錄》。他父親努爾哈齊是建立後金國的大汗，相當於一國之君。皇太極繼承汗位後為前一位大汗修纂一部編年體的史書是應該的，當然也是漢化的一種表現。不過，後來修好的努爾哈齊生平事功專書，卻是一本圖畫選集。這件事在古老滿文檔案天聰九年（一六三五）八月間記述得明白，說當時給努爾哈齊畫的戰功事蹟圖完成了，皇太極還賞了畫工張儉與張應魁二人牛隻與奴僕的事。不過這是不合中國皇朝事例的，所以後來再修努爾哈齊的滿蒙漢三種文字《實錄》時都沒有提到這件事，也足以證明當初皇太極等人文化水準不高，對中國漢族典制的了解不足。滿文檔冊裡還記有此事，可見早年的史料有珍貴價值。

又如在《清實錄》的卷首，談到他們滿洲人的祖先來源時，寫了一篇神話式的始祖誕生文字，大意是講滿洲人的始祖名叫愛新覺羅·布庫里雍順，他是一位天女生的。傳說很多年之前，有三位天女姊妹，長名恩古倫，次名正古倫，三為佛庫倫，她們三人到一處天池沐浴，當浴畢上岸穿衣時，有神鵲啣來一顆紅色果子放在佛庫倫的衣服上，佛庫倫愛之不忍丟在地上，便含在口中穿衣，沒有想到朱果一下滑進喉嚨，進入腹中，佛庫倫因而懷孕。後生一子，佛庫倫告訴新生兒上天生他是為平定亂國的，他的名字叫愛新覺羅·布庫里雍順。天女不久便升天了，小孩子後來到三姓地方建立了國家，名為滿洲。

這段始祖開國神話，以往學者都認為是清朝皇帝入關後偽造的，為了自高身價，隱諱「看邊小夷」家世偽造的。可是皇太極時期寫成的滿文舊檔案中，就有一份值得我們一讀的記事。那是天聰九年五月初六日記下的，內容是：

出征黑龍江方向虎爾哈部諸臣，把他們所招降的官員與良民一同帶來向大汗行朝見禮。宰羊一百零八隻，牛十二頭，設宴之。……此次出兵招降的人中有一名叫穆克什克的，他告稱：我父祖世代生活在布庫里山下布爾瑚里湖，我處無書籍檔冊，古來傳說，此布爾瑚里湖有三位天女恩古倫、正古倫、佛庫倫來沐浴，神鵲銜來朱果，三女佛庫倫得之，含於口中，滑進肚裡，遂有身孕，生布庫里雍順，其同族即滿洲國。……

皇太極派兵去出征虎爾哈時，曾對帶兵官說過：

此地（按指虎爾哈部）人民、語言與我國同，攜之而來，皆可以為我用。攻略時，宜語之曰：爾之先世，本皆我一國之人，載籍甚明，爾等向未知之，是以甘於自外。……今日之來，蓋為爾等計也。

根據皇太極的說法，虎爾哈部與滿洲同語言，而且「載籍甚明」的是「一國之人」。穆克什克說的始祖神話，當然也就是滿洲人的始祖誕生神話了。這份滿文舊檔案寫記時，皇太極還沒有改國號大清，顯然這是東北一些原住民流傳很久的神話，不是皇太極或是入關後其他帝王所偽造的。

漢人記錄檔案或是編纂史書，常有一些敬諱尊者的規定，例如帝王或是皇家的某些人名不能直書，至少要貼上一張黃紙蓋住，以示尊敬。努爾哈齊、皇太極這些人名在後世清代官書裡都沒有人敢寫，就連皇太極的幾位后妃人名在入關後編纂的官書中也全部不見了。所幸早年的滿文檔冊裡還有記錄，可以彌補這一缺失。據滿文記載：皇太極的中宮皇后叫哲哲、次西宮莊妃叫布木布泰、東宮宸妃叫海蘭珠、次東宮淑妃叫巴特瑪．璪，西宮貴妃叫娜木鍾。其中布木布泰就是日後大名鼎鼎的孝莊皇太后，她身歷三朝，對清朝的建國、入關、鞏固政權等事，都作過大貢獻。坊問小說與戲劇中稱她為「大玉兒」，可謂無稽之談。

皇太極時期留下的滿文檔案與史書，也有一些是可以證明後世漢文清代官書中的刪改痕跡。例如天聰五年（一六三一）十月間，八旗兵圍攻大凌河城，最後祖大壽的子侄部下一百餘位官員投降，皇太極的大軍取得大勝利。但是在明兵投降過程中，還有一段有趣的談判記錄，那是祖大壽的義子祖可法與代善長子岳託二人之間的談話，現在抄在下面，供大家一讀：

岳託問祖可法說：你們死守空城是為了什麼？祖可法回答說：你們如果不把天給了你們的遼東、永平人民殺了的話，則天下之民，在你們軍隊所到之處，他們一定願意投降的啊！因為殺了天所給的降民，才會懷疑的。於是岳託說了：殺掉遼東之民是先汗（指努爾哈齊）的罪。雖然如此，那是不懂道義的時候的事。……屠永平軍民是二貝勒（指阿敏）所做的，因此治貝勒的罪把他監禁在牢裡，把他的隸民全沒收了。那個罪也和汗（指皇太極）無關。如今我們的汗，自即位以來，改革惡政，重修道義，盡心養民惜兵。不用我們說，你們也聽到吧。

這段滿文所記的對話，到修纂漢文皇太極的《清太宗實錄》時，史官們把岳託的談話作了不少修改。首先這是祖可法與岳託的對話，漢文中記為祖可法被諸貝勒問話，不是對岳託的單獨談話。同時又把談話中的很多原文改寫了。如屠殺遼東人民是「先汗之罪」，以及「是不懂道義的時候的事」，改為「前殺遼東兵民，此亦當時事勢使然」。又岳託後來說的「汗即位以來，改革惡政，重修道義」兩句刪去，改寫為「敦行理義，洽化一新」，這實在與當時的記事大有不同，對努爾哈齊的過錯著意掩飾，其用心是非常顯然的。

另外，天聰九年（一六三五）七月中皇太極訓誡阿巴泰的一段談話也有不少的刪飾，當時阿巴泰的身分是「臺吉」，後來《實錄》中漢文記事稱他為「貝勒」，這就是不符史實的。另外，皇太極責備阿巴泰以手痛在家閒坐，大反滿族人習武傳統時，說了「似覺不耐勞苦，不知人身血脈，勞則無滯」、「騎射之藝，精於勤而荒於嬉，不可不時加練習」、「若能服勞奮力，不偷旦夕之安」、「無一勛績足錄」等等滿文原始記錄，在漢文《實錄》中全不見了。可見滿文原始記事既詳盡又真實。

其他例子還有很多，這裡限於篇幅，不能一一列舉。以上所舉史實，已足夠說明皇太極時代寫製滿文檔案的珍貴價值了。

43

44

皇太極之死

皇太極於明神宗萬曆二十年（一五九二）出生，年少時即受父親努爾哈齊鍾愛，令他主持一切家政，二十歲左右上戰場，從此南征北討，馬不停蹄。他遠征過華北，西邊去過大漠打蒙古，東面帶兵征伐過朝鮮。遼河兩岸，更是他經常躍馬之地。他的身體一向是健康的，可是在五十二歲的英壯之年，突然去世，而且死得很特別，像似無病而終。清朝官書中是這樣記載他的死亡情形的：

是夜（指清太宗崇德八年八月初九日夜），亥刻，上（指清太宗皇太極）無疾，端坐而崩。

這在一般人家，老人無疾而終是大福氣，不受病魔長期折磨實在是難得之事，是很多人求之不得的。可是皇太極是當時國家元首，而且五十歲剛過，難免有些謠言流傳出來。由於「無疾」也可以視為「暴斃」，因此有人說可能是被人暗殺致死的，後人猜測尤其可能是多爾袞主使這暗殺事件，因為多爾袞原本是大汗的繼承人，後來被皇太極「奪立」，而且還逼殉了多爾袞的生母，這種深仇大痛當然要找機會報復。加上日後又傳出多爾袞與皇太極的妃子布木布泰（後來的孝莊皇后）有曖昧關係，暗殺皇太極似乎又有多了一層原因。還有人認為皇太極自從寵妾宸妃逝世之後，他哀傷逾恆，日夜思念，影響了健康，最後悲痛致死，把皇太極形容成一位多情種子，不愛江山愛美人的一型人物。

皇太極是不是因遭人暗殺、或是因悲痛愛妃的傷逝而致死的呢？我個人不這樣想。因為當時已經有他生病的一些記事。例如管葛山人在《山中聞見錄》裡就說皇太極因患「痰病」而死；他沒有詳述病情，恐怕是「聞見」來的消息。比較詳盡而且可靠的當時人記述應該是朝鮮方面的。首先是陪王子在瀋陽作人質的文學官李袗向漢城報告了皇太極「暴逝」的消息，不過他的「暴逝」並不一定是指遇害的事。因為朝鮮政府早就知道皇太極患病，在朝鮮官方的《實錄》中，這一年四月初六日條下記寫：「清人言於世子館前，以為皇帝病風眩，願得竹瀝，且要見名醫。上命遣針醫柳達、藥醫朴頵等。」從朝鮮人的這些記事當中，我們不難看出皇太極當時患了「風眩」之症，即有頭暈目眩的症象。竹瀝是一味中醫，主治化痰、去熱，性寒、味甘，也能治中風等重病。朝鮮政府還派了名醫到瀋陽為皇太極治病，顯然皇太極的病情已經不輕。

皇太極是不是真的生了病呢？清方的官書《實錄》似乎也透露不少有關的消息，現在列舉出一些來，以作證明：

崇德五年（一六四〇）七月丙午（二十七日）條：「是日，聖躬違和，率皇后諸妃，於申刻出德盛門，幸安山溫泉。戊申（二十九日）駕至溫泉。」（《內國史院檔》記：七月二十七日，聖汗幸溫泉，八月初一至安山溫泉，直至九月初七日始回瀋陽，「幸溫泉一月」。）

崇德六年八月，明清松山大戰前夕，明軍十三萬由洪承疇率領出關，聲勢壯大。清軍實力難支，皇太極乃親率大軍參戰。原定八月十一日由瀋陽出發，但「因鼻衄，姑緩三日。鼻衄尚未止」，即緊急出征，一路上仍經常因趕路「行急鼻衄不止，承以盌，行三日，衄方止」。可見病情不輕。

同年九月中，正是松山前線戰事緊急之時，皇太極得知寵妾宸妃病重，乃決意返回瀋陽探視，趕回京城時，宸妃已去世，皇太極悲痛異常，「甚至迷惘」。暫「暫御幄，飲食頓減，聖躬違和」，這次病得也不算輕。

崇德七年十月丁巳（二十日）條下記：「聖躬違和，肆大赦，凡重辟及械人犯俱令集大清門外，悉予寬釋。」同書於同月二十七日甲子條又記述，都察院參政祖可法、張存仁等人上奏建議：「

近見政事紛繁，動勞睿慮，各旗六部諸大臣，虛設何裨？凡心勞則氣動，更願皇上清心定志，一切細務，付部臣分理，至軍國大事，方許奏聞。」皇太極認為他們「所奏良是」。這段記載可以說透現了皇太極的體力已不太能勝任國家重大事務，身體有病已經溢於言表。

同年十二月初二日，《實錄》又記：皇太極「行獵於葉赫地方」。十二日，「行獵於開庫爾地方，聖躬違和，遂駐驆其地，諸王貝子大臣，奏請停止行獵，車駕回宮，息勞靜攝」。皇太極則說：「朕躬偶爾違和，豈可使如許從獵軍士，一無所獲，而遂空返耶？」後來據說「皇九子（按指福臨順治帝）甫五歲，射中一麅，眾皆稱異」，勉強回鑾，結束了這次打獵活動。（內國史院檔記這次行獵事有兩點值得一讀，一是射中麅子的是「皇子章京方喀拉甫五歲」，另一事是有人說皇太極「腕力甚弱」，似乎也說明皇太極當時體力已大不如前。）

崇德八年，也就是皇太極去世的這一年，《實錄》裡也記載了一些他生病的事，例如該年大年初一就說：

> 聖躬違和，命和碩親王以下，梅勒章京以上，詣堂子行禮，遣官祭太廟，免行慶賀禮。

這樣的情形，顯然是他病勢不輕。

同年三月十七日《實錄》又記：「聖躬違和，大赦，死罪以下，咸宥之。」四月初一日又說

：「聖躬違和，命禱於盛京寺廟，施百金。」第二天「復禱於境內各寺廟，施百金」。如此連日在寺廟中祈禱，當然與病體變得嚴重有關。

從以上的這些記事，我們可以了解：一、自崇德五年以後，皇太極的身體顯然是常常生病，否則不會見到如許多「聖躬違和」的紀錄。二、滿洲人在關外時期，醫療技術還很落後，生病不吃藥，只靠薩滿巫人來跳神治病是常見的事。另外他們從經驗的積累中，知道溫泉可以治慢性病，所以「坐湯」成為治病的良方。努爾哈齊死前也去泡過溫泉。皇太極在崇德五年秋天竟「坐湯」一月之久，顯然與治病有關係。三、打獵、祈神、大赦、向寺廟施金等等也都是求平安、求病癒的方法，皇太極在病逝前兩年中樣樣都做了，這也表示他真的患了病。四、崇德六年十月，他五十整壽的這一年，他竟說出：「山峻則崩，木高則折，年富則衰，此乃天特貽朕以憂也。」這番話不但有些傷感，同時也反映了他不健康的心態。他的病已經折磨到他的壯志與雄心，實在令人感嘆！

至於他究竟生了什麼病而去世？現在也只能猜測了。朝鮮人說他「病風眩」，語義不明。不過他在宸妃死後曾經「迷惘」過。《東華錄》裡說是「忽昏迷，言語無緒」，這顯示他有短暫中風的現象。後世有人寫書談到皇太極生前有兩匹愛馬，分別名為大白與小白，而兩匹愛馬都因皇太極身體過重，行走不遠，可見皇太極應該是體肥身胖的人，這對他的健康必然大不利。所以現在史家與醫家一般認為皇太極中年以後身體肥胖，應該是高血壓、腦心血管毛病的患者，他平時操勞過度，在宸妃死後又情志不舒。病逝當天還忙於賞賜蒙古來人，與后妃等召見遠嫁蒙古的愛女，賞賜珍貴財物給蒙古諸部來的女賓客，工作過勞，猝然病逝，應該是比較可靠的實情。

45 身後政爭

崇德八年（一六四三）八月初九日皇太極「暴崩」，由於他自己也沒有想到如此快速而突然的離開人世，很多事情都未作安排，特別是皇位繼承的大事，在他死後很快的就發生緊張的繼承鬥爭。

本來在努爾哈齊晚年已經訂好了由八旗主旗首領公推大汗的制度，皇太極繼位雖然名義上是公推的，但多少還是他「勇力絕倫，頗有戰功，所領將率皆精銳」，也就是說他當時的實力大過其他人的緣故。皇太極當上大汗之後，先鬥垮阿敏，再打倒莽古爾泰，最後連「特尋常一庸夫」的代善也不敢與他並坐，皇太極成了國家惟一的元首。四人共治的局面打破，八家公推大汗的制度也廢除了。皇太極生前既大權集於一身，當然對於繼承人選之事他也想仿行漢制，由他的兒子繼位。

崇德三年（一六三八）朝鮮使臣到瀋陽訪問後曾說：

聞長子不肖，故以上年生子有立嗣之意云。

文中所稱的「長子」是指皇太極大兒子豪格，朝鮮人又常音譯他為「虎口」。「上年生子」是說崇德二年皇太極與宸妃所生的一子。根據史料以及日後史家們的研究，宸妃是皇太極最愛的妃子，她生的兒子當然有被立為繼承人的可能，可惜這位小皇子兩歲時就夭亡了，宸妃為此悲傷成病，終致死亡。皇太極的健康與心緒也因愛子與愛妃的相繼去世而大受影響。從這件皇家慘事中，可以了解皇太極生前確有傳位自己兒子的想法。加上當時清朝的漢化已日益加深，家天子的觀念已經深植在很多人的心中了。

皇太極的兒子雖有多人，但年紀最大、實力最強的當推豪格。豪格當時已封為親王，在同輩兄弟中的地位與能力都是無人可比的，皇太極死後，他應當是繼承人的不二人選。可是他不是嫡出，又有「不肖」之名，而最大的問題是他與多爾袞不和，成了他繼承大位的嚴重阻力。

多爾袞是皇太極的同父異母幼弟，是豪格的小叔。傳說努爾哈齊死時，曾有意讓多爾袞繼承汗位，由大哥代善攝政。後來代善因「懦弱」不敢與皇太極抗爭，多爾袞也就失掉了繼承的機會，而且他的生母也被皇太極等人指為「有機變」，「留之恐後為亂階」，活活的被推進努爾哈齊的墳墓中殉葬了。皇太極統治的十七年期間，多爾袞小心翼翼的順從皇帝哥哥的命令，無論是征朝鮮、打蒙古、伐大明，他都參與作戰，立下了不少汗馬功勞。他也擔任過國家行政事務的官員，所以他在政治與軍事上都有卓越的表現。加上不少舊的八旗將官對他以前的失敗還表示同情，現在皇太極死了，當然有人支持他爭取繼承大位，特別是他的同胞兄弟阿濟格、多鐸以及代善兒子等人，形成了一股很大的勢力。

擁立皇子豪格派與擁立皇弟多爾袞派是當時兩大鬥爭集團，皇太極死後的第五天，即八月十四日，雙方攤牌了，據朝鮮人的記載說：

十四日，諸王皆會於大衙門。大王發言曰：虎口帝之長子，當承大統云。則虎口曰：福小德薄，非所堪當，固辭退去。定策之議，未及歸一。帝之手下將領之輩，佩劍而前曰：吾屬食於帝，衣於帝，養育之恩，與天同大。若不立帝之子，則寧死從帝於地下而已。大王曰：吾以帝兄常時朝政，老不預知，何可參於此議乎？即起去。八王亦隨而出，十王默無一言。九王應之曰：汝等之言是矣。虎口王既退讓去，無繼統之意，當立帝之第三子，而年歲幼稚，八高山軍兵，吾與右真王分掌其半，左右輔政，年長之後，當即歸政。誓天而罷去。所謂第三子，今年六歲。

這是朝鮮在瀋陽當人質的王子的隨員寫的報告，是當時當地的傳聞，有幾分真實性。文中所稱的「大王」是指代善，虎口是豪格（滿文Hooge）的不同譯音。八王是多爾袞的同胞兄長阿濟格。十王是多爾袞的弟弟多鐸。九王指多爾袞。右真王是舒爾哈齊的兒子濟爾哈朗。八高山即八旗。不過，兩大派爭繼的實況與朝鮮人寫的還是有些出入，現在我就清朝有關的史料，加以整理考訂，簡要的敘述一下皇太極身後政爭的情形：

皇太極死後，爭繼的各方一定都在暗中活動，從事安排。可能是八月十三日，多爾袞先在三官廟召見內大臣索尼，問他對繼承人的意見。索尼是皇太極一手提拔出來的愛將，兩黃旗他都能聯繫，甚至指揮。多爾袞先試探他的意向，沒有想到索尼竟直接而乾脆的回答說：「先帝有皇子在，必立其一，他非所知也。」清楚的表明了不支持多爾袞。當天晚上，皇太極的另一個親信將領圖賴向索尼表態，支持皇子繼承大位，甚至有意指名豪格應該繼承。第二天，八旗將領與愛新覺羅家的貴冑，一齊來到大清門，入崇政殿商議立繼承人事，這就是朝鮮人所謂的「大衙門」。索尼與圖賴等人事先有了準備，命兩黃旗精銳部隊「張弓挾矢，環立宮殿」，大有拚鬥一場之勢。這與朝鮮人所記的兩黃旗將領佩劍聲言：「吾屬食于帝（皇太極）、衣于帝，養育之恩，與天同大，若不立帝之子，則寧死從帝於地下而已。」一番話有相同意味。會議開始時，索尼等人首先提出必立皇子。多爾袞以索尼等僅是八旗的將官，請他們暫時退出會場，以便主旗貝勒與皇家貴族來討論。這時多爾袞的同胞兄弟多鐸、阿濟格便主張多爾袞應繼承大統，多爾袞沒有立即同意，多鐸見他猶豫不決，乃大聲說：「如不同意，應該立我為君。」多爾袞不以為然，並說：「你多鐸雖有資格，但豪格也是適合的人選。」多鐸不服，又提出：「不立我可以，論長幼，大哥代善就應該繼位。」代善老成持重，一直沒有發言，現在被多鐸指名了，不得不表態，他說：「多爾袞如果答應繼位，是國家之福。不然就應立皇子。至於我，年老體衰，不能勝任了。」

皇太極在世時，封多爾袞為「睿親王」，滿文裡有稱多爾袞為「墨爾根岱青」的，「墨爾根」（mergen）有「聰睿，能射手」等意，「岱青」（daicing）是統治者。多爾袞實在是個聰明絕頂的人，他們兄弟三人雖擁有兩白旗的勢力，但是現在兩黃旗誓死効忠皇室，代善的紅旗也不大力支持他，說了些模稜兩可的話，而宮外大軍環立，他若堅持要繼承，必然會發生一場大拚殺，豪格得位的可能性會增高。當時清朝已經漢化日深，父死子繼的觀念也為大家接受，他若強行奪立，必會引起滿蒙漢各方人士的批判不滿。多爾袞在權衡輕重利弊之下，同意立皇太極的兒子為繼承人，但不是豪格，因為豪格的母親烏喇納喇氏是繼妃，不是皇后，不是五宮之一的皇貴妃，沒有資格繼承，這在滿漢制度中都是如此講求的。而當時的皇后未生男子，嫡而居長的就推莊妃布木布泰（即日後的孝莊后）所生的幼子福臨了。多爾袞同意立「先帝之子」，兩黃旗的將領也無話可說。皇帝年幼，當然需要人攝政，多爾袞又拉藍旗的主旗人濟爾哈朗與他一同來幫助小皇帝理政，併稱攝政王。濟爾哈朗是舒爾哈齊之子，非皇室直系貴族，當然無法爭得繼承大位的可能，他只是幫助多爾袞在這場政爭中取得實利的人。代善既不反對多爾袞攝政，豪格又「性柔力不能勝」。福臨繼承大統，多爾袞、濟爾哈朗同為攝政王更就此定案，皇太極身後的政爭也就此平息了。

《清朝野史大觀》裡記：

太宗皇后博爾濟吉特氏偵知，脅多爾袞入宮，立其子，以居攝餌之，遂定。

這是說莊妃布木布泰「脅」多爾袞立其子福臨（即順治皇帝）為君，並以攝政王為「餌」的事，此一說法是值得推敲的，容待寫《順治寫真》時再詳論吧。

46 皇太極的妻與妾

皇太極究竟有多少位妻妾，目前尚無確切資料可以統計出來。不過為他生過子女的而能夠查考的，一共有十五人。這十五人後來在清代官書中都各有名號，應該是無誤的。另外還有一點也是可以確知的，就是皇太極的妻妾中沒有純漢族籍的女子，這可能是當時滿族統治者要保持滿洲血統，不讓漢族危害他們的政權有關。而當時滿族與蒙族在生活上有很多共同之處，更為了聯絡蒙古，滿蒙間的政治婚姻是常見的，在皇太極身上就可以得到證明。

根據清代官方資料，皇太極的妻妾及她們名號可開列如下：

孝端文皇后：博爾濟吉特氏，科爾沁蒙古族人。後封為清寧宮中宮皇后，生三女，未生子。

孝莊文皇后：博爾濟吉特氏，科爾沁蒙古族人。後封為永福宮莊妃，生子一，名福臨，即順治皇帝。

敏惠恭和元妃：博爾濟吉特氏，科爾沁蒙古族人。後封為關雎宮宸妃，生一子，早殤。

懿靖大貴妃：蒙古阿魯阿霸垓博爾濟吉特氏，後封麟趾宮貴妃，生子博穆博果爾，女一人。

康惠淑妃：蒙古阿魯阿霸垓博爾濟吉特氏，後封衍慶宮淑妃，有女一人。

元妃鈕祜祿氏：滿族人，生子洛博會。

繼妃烏喇納喇氏：滿族人，生子豪格、洛洛二人。女一人。

側妃葉赫納喇氏：滿族人，生子碩塞。

側妃博爾濟吉特氏：扎魯特蒙古人，生女二人。

庶妃納喇氏：滿族人，生子高塞，女二人。

庶妃奇壘氏：察哈爾蒙古人，生女一人。

庶妃顏扎氏：滿族人，生子葉布舒。

庶妃伊爾根覺羅氏：滿族人，生子常舒。

庶妃（不知氏族）：生子韜塞。

庶妃（不知氏族）：生女一人。

以上十幾位后妃中，蒙古族人居多數，滿洲族人居次，不知氏族者二人，但絕無漢族。她們當中很多人生平事跡不詳，不過，有幾位是當時的名人，她們的有關身世值得一述：

一、孝端文皇后：本名哲哲，她是皇太極的髮妻，科爾沁貝勒莽古恩之女，明萬曆四十二年（一六一四）與皇太極成婚，當時她方才十六歲。天聰元年（一六二七），因皇太極繼承大汗，她封為大福晉。崇德元年（一六三六）皇太極任大清國皇帝，她晉升為中宮皇后，居清寧宮。順治帝即皇位後，尊其為皇太后。後入關居紫禁城。順治六年（一六四九）病逝，享年五十一歲，與皇太極合葬於昭陵。

二、孝莊文皇后：本名布木布泰，科爾沁蒙古貝勒寨桑的女兒，孝端文皇后的姪女。天命十年（一六二五）與皇太極成婚，她當時年僅十三歲。崇德元年封她為永福宮莊妃。崇德三年（一六三九）她為皇太極生了皇子福臨，即日後繼承大清皇位的順治皇帝。布木布泰長得秀美，聰明又知禮數，是皇太極妻妾最著名的，也是關係到清朝早年存亡的關鍵人物。她在皇太極死後的政爭中發揮調和安定局勢的作用，她在康熙帝繼承大位以及打倒四大輔臣的鬥爭中，也為清朝作了創業兼守成的貢獻，她的歷史地位是受到後人肯定的。當然這位名人的傳聞也很多，如下嫁多爾袞、溫情說服洪承疇降清等等，這些事的真實性不大，不過倒是充分反映了她的聰慧、美麗與純良。布木布泰死於康熙二十六年，享年七十五歲。

三、關雎宮的宸妃：是皇太極生前最富戲劇性的一位妃子。她是孝莊后布木布泰的親姊姊，本名海蘭珠。據說她以知書文靜出名，皇太極也因此要娶她為妻。她嫁到後金國時已經二十六歲，在當時的滿蒙社會中根本是「高齡新娘」了。崇德元年以她居住的宮殿名為「關雎宮」，取《詩經》中「關關雎鳩」名句，十足表示皇太極對她的深厚愛情。她曾為皇太極生過一男，不幸早夭。他們悲傷至極。不久宸妃也因悲傷過度病重。皇太極當時正在明清生死交關的松山大戰前線，他聞訊後，竟不顧一切的從戰場趕回瀋陽宮中，可惜為時已晚，宸妃已先一日死亡，皇太極悲痛得幾次落淚，甚至昏厥，這種真摯愛情，發生在帝王身上的還不多見。宸妃死時，年僅三十三歲，她與皇太極的婚姻生活只有七年。

四、懿靖大貴妃：又稱麟趾宮貴妃，本名那木鍾，她原是蒙古察哈爾林丹汗的囊囊太后，林丹汗西逃身死後，她在天聰九年（一六三五）五月前來投降後金。皇太極曾命兄長大貝勒代善娶她為妻，大貝勒因「其貧而不娶」。代善不娶可能有隱情，皇太極隨即於同年七月將她納入後宮。據說皇太極娶那木鍾時還有一段曲折，當那木鍾來降時，貝勒阿巴泰等多人請皇太極「納之」為妻，因為她是「察哈爾汗多羅大福晉」。皇太極以為「先已納一福晉，今又納之，於理不宜」。諸貝勒再三堅請，認為這是「天賜」，不是「強娶」，皇太極這才同意。可見代善不娶是有原因的，那木鍾是林丹汗的「太后」，身分不同吧。那木鍾後死於康熙十三年（一六七四）。

五、康惠淑妃：本名巴特瑪．璪，她也是蒙古察哈爾林丹汗的竇土門福晉，林丹汗死後於天聽八年八月率眾來投降後金。大貝勒代善當時帶頭上奏，請皇太極娶她為妃。《清實錄》裡都記載了這件事。最初皇太極不從。代善等認為竇土門福晉「委身順運，異地來歸，其作合實由於天，上若不納，得毋拂天意耶？」「皇上修德行義，允符天道，故天於皇上，特加眷祐」，皇上娶她，大家會歡欣的。最後皇太極想到「行師時，駐營納里特河，曾有文雉，飛入御幄之祥，今福晉來歸，顯係天意，於是意始定」。護送巴特瑪．璪來的蒙古人聞訊後，都高興的說：「皇上納之，則新附諸國，與我等皆不勝踴躍歡慶之至矣！」可見皇太極娶察哈爾林丹汗的福晉，有著極大的政治意味。淑妃只生一女，皇太極後命幼弟多爾袞娶了她為妻。

以上就是中宮皇后博爾濟吉特氏哲哲與東宮關睢宮宸妃海蘭珠、西宮麟趾宮懿靖貴妃娜木鍾、東次宮衍慶宮淑妃巴特瑪．璪、西次宮永福宮莊妃布木布泰的生平大概。五宮之外，瀋陽皇城裡還建有配宮，供一些庶妃居住。

綜上可知：皇太極一生的婚姻多為政治婚姻，而與蒙古的關係特別重要，從五宮后妃都是蒙古族人一事可知。孝莊后在當時似乎不太得寵，而皇太極特別鍾愛的則是關睢宮的宸妃。他們生前恩愛異常，皇太極連死後永眠地也傍近宸妃墓地，兩人情義之深濃，可謂無以復加了。

47 皇太極的子與女

皇太極的妻與妾無法統計出真正數目，他的子女也很難得到正確人數的答案。官方計算他有十五位后妃，是根據這十五人有史料可考，確實為皇太極生育過兒女，若以此為標準，皇太極的子女應有二十五人，其中兒子十一人，女兒十四人。

皇太極的十一個兒子中，只有豪格等極少數的建立過赫赫功蹟，比起他父親努爾哈齊來，實在遜色很多。現在把他們的生平略作介紹如後：

一、福臨（一六三八—一六六一）：皇太極第九子，生於崇德三年（一六三八），生母是莊妃布木布泰。崇德八年皇太極病逝，福臨繼位，改年號順治，後世稱為清世祖。他是清朝入關統治中原的第一任君主。順治前七年因年幼由叔父多爾袞等攝政，僅有皇帝虛名。順治八年（一六五一）多爾袞死後，他才親政。他在位期間，重用漢官、整飭吏治、獎勵墾荒、重訂賦役。用洪承疇經略東南，吳三桂平定雲貴，對清朝入關後政局穩定有功。他起初對天主教有興趣，後成為虔誠佛教徒，法名行癡，號癡道人，對漢文化也有深度研究，能詩能文。順治十八年（一六六一）得天花英年病逝，享年二十四歲。生前娶董小宛，以及出家為僧等傳說，都非真正史實。

二、豪格（一六〇九—一六四八）：清太宗皇太極長子，生於明神宗萬曆三十七年（一六〇九），生母是繼妃烏喇納喇氏，初為貝勒，努爾哈齊時代即參與多次戰役。天聰六年（一六三二）封為和碩貝勒，權勢大升。崇德元年封為肅親王，掌戶部，六年率部眾圍松山，俘洪承疇，立大功。惟在崇德八年皇太極去世後，與多爾袞爭奪繼統失敗。順治初年即遭攝政王多爾袞以冒犯罪名削爵。後雖復爵，並任靖遠大將軍，在陝川各地大敗張獻忠軍；順治五年仍被多爾袞藉故幽禁，削爵抄家，後死於禁所，享年四十歲。

三、洛洛（一六一一—一六二一）：皇太極第二子，烏喇納喇氏生，豪格胞弟，十一歲夭折，無重要事蹟。

四、格博會（一六一一—一六一七）：皇太極第三子，元妃鈕祜祿氏所生，得年七歲。

五、葉布舒（一六二七—一六八八）：皇太極第四子，庶妃顏扎氏所生，初封鎮國將軍，康熙八年（一六六九）晉輔國公。二十九年卒，享年六十四歲。

六、碩塞（一六二八—一六五四）：皇太極第五子，側妃葉赫納喇氏所生。順治元年封為承澤裕親王。後從多鐸征李自成軍，大破之。又擊垮福王南明政權，征喀爾喀蒙古等役皆有功，獲賞團龍紗衣、金、銀等物，後晉王爵，掌兵部、宗人府。順治十一年底去世，得年二十有七。

七、高塞（一六三七—一六七〇）：皇太極第六子，庶妃納喇氏生，初封輔國公，康熙八年（一六六九）晉鎮國公。他是皇太極諸子中唯一愛讀書的，史稱他「嗜文學，彈琴賦詩，自號敬一主人」。康熙九年卒，得年三十四歲。

八、常舒（一六三七—一六九九）：皇太極第七子，生母為庶妃伊爾根覺羅氏。初封鎮國將軍，康熙八年，晉輔國公。十四年因犯罪奪爵，康熙三十七年再授輔國公，第二年去世，享年六十三歲。

九、皇太極與宸妃所生的第八子：未命名，他存活於崇德二年至三年間（一六三七—一六三八），僅兩歲即夭折。

十、韜塞（一六三九—一六九五）：皇太極第十子，生母姓名不詳。初封鎮國將軍，康熙八年晉為輔國公，三十四年卒，享年五十七歲。

十一、博穆博果爾（一六四一—一六五六）：皇太極第十一子，生母為懿靖大貴妃那木鐘。順治十二年，封襄親王，次年夭亡，得年十六歲。

皇太極的女兒共有十四人，多遠嫁蒙古，有關她們的記事更少，顯然沒有什麼重大事功可述。

皇太極的兒子們在清初歷史上似乎都是平庸之輩，不見有名人。近代史家孫文良、李治亭諸先生作過如下的解釋：

第一，皇太極在努爾哈齊的眾多兒子中，年齡本就不大。繼承後金國汗位時，他的兒子有的還未成年，甚至未出生，因此不能出外作戰或在內議政。除豪格一人外，其餘的都名不見經傳。

第二，皇太極死後，由於豪格爭繼失敗，而順治帝又虛有其名，大權全操在多爾袞手中，所以皇太極的兒子們都不被重用，當然就難有功成名就的人了。

第三，順治帝親政之後，自己兄弟間也存在著不少矛盾與問題，因而對他們也不敢信任與重用。

第四，清朝建立後，特別是入關定鼎中原後，各方歸降的人很多，真可謂人才濟濟，與努爾哈齊以及皇太極時代非靠自家子侄打天下的情形，不可同日而語。因此隨著時代與局勢的不同，皇太極的兒子能出頭建奇功的當然就相對的少了。

以上這些分析，應該是中肯的，可信的。

48 皇太極的占夢術

人的一生，睡眠時間佔有相當大的比例，而睡眠時常常做夢。夢有百千樣，人們想知夢的究竟，解夢或圓夢之術便成為重大事項，甚至成為一種專門學問。

古今中外的人又多相信人在夢中所經歷、所見到的事物是可以預卜做夢人未來的吉凶休咎，所以解夢的人常以《易經》、五行術、隱語、拆字、諧音等等來解夢，因此解夢實質上往往是一種迷信。

皇太極時代的滿洲人當然未必精通《易經》與五行術等學問，不過他們受漢族文化影響已久，而且又迷信薩滿宗教，他們對夢確實是重視的。現在先舉一例，說明一斑。崇德元年（一六三六），大清兵征野人女真的虎爾哈部，俘獲不少人口之後，將俘虜分囚五處牢房中，看管之一的小武官伊兒蓋，一次做夢，認為不祥，於是就進入了他負責看管的牢中，解開了兩位巫人薩滿的腳鐐，命令他們解夢，沒有想到他在解開第二個巫人腳鐐時，第一個已被解除腳鐐的巫人趁機鬆綁了牢內其他被綁的俘囚，伊兒蓋與守牢的其他士兵後來全被虎爾哈人殺了，不祥的夢真的應驗，這件事後來被記錄在古老的滿文檔冊中。由此可見，當時滿洲人是重視夢而又相信解夢的。

皇太極對夢的看法如何呢？我個人以為他不但像世界著名解夢專家弗洛依德所說的：「一切夢都來自他們所信仰鬼神所發的啟示，也就是說夢是可以預卜未來的。」同時他更能利用夢來預言國家大事，並作為一種統治手段。以下數例可以作為說明：

天聰四年（一六三〇）六月間，皇太極整肅四大貝勒之一的阿敏時，認定他犯了十六條大罪，其中第七條是：

> 阿敏曾告叔父貝和齊曰：吾夢被皇考箠楚，有黃蛇護身，此即護我之神也。心懷不軌，形之寤寐。

阿敏對貝和齊所說的顯然是「帝王夢」，這與漢高祖劉邦做的大有異曲同工之妙。劉邦說到他母親與神龍交配的故事，也是以夢來透現的，表示劉邦是真龍天子。阿敏以黃蛇取代，黃為正色，努爾哈齊時代已經視為皇家專用之色了。皇太極當然可以加上他有「心懷不軌」的罪名，判定他有篡奪大位的心意。

天聰九年十月十六日，《滿文老檔》裡又記了一個皇太極解夢的故事。檔案的文字是：

是日，汗（指皇太極）對文館儒臣希福、剛林、羅碩、札木巴（一作詹霸）等說：我夜裡夢見河水微漲，看到河水中有兩隻獺在縮項而游走，我急忙找來叉子刺殺了它們。後又捕得大魚很多條。我記得以前凡是做此類夢時，出兵必有大斬獲。

這是一場「國事夢」，是預卜戰爭的勝利。這一年後金汗國的大軍遠征蒙古，多爾袞等俘獲了林丹汗的妻兒，並得到傳國玉璽，第二年皇太極就因此在各族文武官員擁戴下改建了大清國，當大清的皇帝了。而且在改元崇德之後又再度遠征朝鮮，取得重大勝利，皇太極所說的「出兵必有大斬獲」，顯然是與這次做夢有關。

崇德元年（一六三六）六月，《清太宗實錄》裡又說了一件皇太極做夢的事，內容是：

上（指皇太極）御翔鳳樓，偶寢，夢偕皇后東行，俄而至一殿，上與禮親王代善及侄穎親王薩哈廉偕坐，上默念穎親王已故，何為在此？遂避還盛京。路遇儀仗左右排列，忽有人自後至，請曰：穎親王乞聖上賜牛一，上許之。駕行不數武，忽碩託又自後至，請曰：穎親王令臣求皇上賜牛。上曰：已與之矣。及覺，上以所夢問內院大臣希福、剛林、詹霸、胡球，眾奏曰：此皇上悼念之切所致耳。上曰：不然。朕未嘗思之，當別有故也。於是希福等檢閱《會典》：凡親王薨，初祭，賜一牛。希福等甚異之，穎親王初祭，未曾用牛，因以奏聞。上因命禮部備牛致祭。

薩哈廉、碩託是禮親王代善的兒子，在努爾哈齊病逝時他們忠誠的支持皇太極繼承汗位，並說服了他們的父親代善也擁戴皇太極，功勞是很大的，皇太極與他們相處甚得。崇德元年正月薩哈廉初病時，皇太極還特別派希福等大臣去看望他，並希望他早日病癒，將來「輔理國政，惟爾是賴」。同年五月的初八日，薩哈廉病危，皇太極親自去他家探視。第二天薩哈廉去世，皇太極更是「悲慟不已」，「坐庭未幾，復出跪哭，奠酒三樽，慟哭不止」。後來忘了以牛初祭，可能是禮部人員的疏忽，也可能是當時國中經濟問題嚴重，牛隻不多所致。皇太極正好又利用了這種「招冥夢」來表示他是崇尚制度的君主，警示大家都要遵守法制。

崇德三年十月初十日，皇太極又弄出一種「求賢夢」。他借夢來表達自己的意願，進而美化夢境，好像是上天昭示，最後使之實現。在《明清史料丙編》第五十七頁刊載了一封皇太極致祖（大壽）大將軍書，書文中有一段寫著。

……且朕之夢寐，亦時與將軍相會，未識將軍願見與否耳？昔劉、關、張三人異姓，自立盟之後，始終不渝，名震萬禩，到今稱焉。將軍其見斯而速答之。

崇德三年祖大壽駐關外中左所，明朝正倚靠他作為抵抗滿洲大軍的長城，皇太極用夢來表示上天的昭示，希望能與祖大壽結為像劉、關、張一樣的異姓盟友，以「垂名萬禩」。祖大壽後來真的降清，而他的子侄多人都成了八旗漢軍的首腦人物。皇太極的夢術真發揮了很大的力量。

文人用夢來闡釋他們的人生觀與人生理想，如湯顯祖的「臨川四夢」與曹雪芹的《紅樓夢》等等。政治人物則用夢來達到他們成為帝王、預言國事等目的，皇太極的解夢應該屬於後者。

49 皇太極的眼淚

皇太極是建立大清朝的皇帝，一生戎馬，算得上是鐵骨錚錚的大丈夫，頂天立地的大英雄。這樣的一位人物，怎麼會愛哭呢？而且常見他流淚痛哭。在一般人的心目中，哭是女性的專利，男兒有淚不輕彈的，哭是弱者的特點，強者不會流淚哭泣的，否則他們根本就不是強者，而是軟弱怯懦的人。

皇太極確是一位了不起的男子漢，平常是不見他流淚的，不過在親人死別或是追念愛將時，他會情不自禁的痛哭，甚至「痛哭再三」。以下幾個例子也許可以作為說明：

崇德六年（一六四一）他親自督軍進攻錦州明軍時，在緊急的松山戰役中，他突然接到愛妻宸妃的病重消息。當時他真是五內俱焚，立即下令要侄子杜度等帶兵圍錦州，幼弟多鐸等去圍松山，自己匆忙的趕回瀋陽，探視宸妃病況。九月十七日他在離瀋陽九十里的途中，使臣來報宸妃病篤。不久宸妃病逝，他抵達後宮，「至宸妃柩前，悲涕不已」。王先謙《東華錄》裡記他聽到宸妃死訊時就「慟哭」，到瀋陽「入關睢宮，至宸妃柩前慟哭之」，說明了皇太極兩度「慟哭」。第二天，他又去到關睢宮，再痛哭於宸妃靈前。大臣們覺得皇帝「過於悲痛」，奏請他「勿為情牽，珍重自愛」。可是他在同月二十九日宸妃大殮時，仍然傷心的流了不少眼淚。當時在瀋陽做人質的朝鮮國王世子在《瀋陽日記》記述了當時的情況：

……汗行出北城門外完殯處，則設帳幕於野中，環簟作牆，造紙屋紙塔，以五色旗為幡、彩錢、彩花等物，極其豐侈，費至萬金云。僧道巫覡雜沓如祈祝之狀。汗大加悲慟，歸路哭泣不止矣。

由於皇太極對宸妃死亡「追悼不已」，諸王大臣等勸他出外打獵，「以慰睿懷」，他同意了；但是在回鑾途中過「宸妃殯所」時，他又「哭之」。朝鮮世子也記述：「汗入（祭所）奠酌，哭甚哀。」

第二年二月初三日，皇太極又出外打獵，路過宸妃墓塚，《瀋陽日記》中又記：「入廟門，即放聲大哭，哭聲聞於外。」四月十八日是「月祭」宸妃的日子，從錦州一帶作戰回來的滿族王爺們與諸將領，都參加祭典，皇太極也「放聲大哭，良久而止」。

不僅對愛妻的逝世如此傷感，他對親近的族人過世也會痛哭。如天聰九年十月他同父異母生的兄長德格類死亡時，他「聞之痛悼，欲親臨其喪，諸貝勒勸止，不從，往哭之慟」。又如皇太極對心愛的侄兒薩哈廉的死也哀痛愈恆。薩哈廉是他大哥代善的第三子，也是當年最熱心支持皇太極繼承大位的人；所以薩哈廉的英年早逝，皇太極也痛哭過好幾場。

崇德元年正月薩哈廉得病，皇太極派大臣去探望他，並轉告他：「我欲爾病愈速起，念之甚切。」同月二十七日，他親自去看望薩哈廉，「見其羸瘦，潸然淚下，薩哈廉亦悲痛垂涕」。同年五月初九日，薩哈廉病逝，早年滿文寫的檔案裡記說：

> 汗悲慟不已，諸王力勸乃出，坐庭未幾，復又跪哭，奠酒三樽，慟哭不止。兄禮親王（按指薩哈廉之父代善）勸汗出，跪請還清寧宮，不允，入哭者四，悲慟不已。諸王與固山額真等跪勸曰：聖汗至此已久，現宜還清寧宮。午刻，汗還清寧宮，猶不入室，於庭中設圍帳房坐，茶水不進。兄禮親王聞之，遣昂邦章京阿山、梅勒章京圖爾格依奏言：我已飲茶水，請汗入清寧宮。聖汗從其言，於戌刻還宮，輟朝三日。……

檔案還特別注說：「薩哈廉……明達聰敏，掌禮部事務，於聖汗政事，多所贊助。」

同年五月十九日，滿文檔案又記：

初祭薩哈廉貝勒。時備辦塔子、樓子、佛花、幡、紙錢、紙錁等一應祭物，四周懸掛畢，聖汗及諸王、文武各官皆往，班列兩側畢，汗跪，奠酒三杯，慟哭益甚。聖汗及諸王、大臣等皆跪，令宣讀冊文，追封薩哈廉貝勒為和碩穎親王。……請出屍位，安放床上畢，聖汗復跪痛哭，舉酒三奠，入哭者四、五次，時預祭眾人無不哭者。……

皇太極對自己侄女之喪也有哭的記錄。那是天聰三年（一六二九）閏四月二十三日他去祭奠李永芳的妻子時，「慟哭三次，於焚楮時還宮」。同月二十七日，李妻出殯時，他又「慟哭」。李永芳原是明朝撫順守城將軍，努爾哈齊於天命三年（一六一八）以「七大恨」告天征明時，李永芳在撫順戰役中首先投降，努爾哈齊為獎勵他來歸，特別以第七子阿巴泰的女兒嫁給他，時人稱李永芳為「撫順額駙」，有「駙馬」之意，其妻稱為「撫順格格」。

薩哈廉與撫順格格的死，皇太極痛哭，可以視為對親人死別的哭，與對愛妻傷別的哭是一類的。

皇太極對心愛的部屬也是有感情的，遇到他們的去世，他經常會忍不住的哭泣。例如天聰六年七月間，儒臣達海病篤時，皇太極聞訊，召侍臣垂淚曰：

我原以為達海患平常疾病，今聞病篤，深惜其未及寵任，後當優恤其子，爾等可以我言往告之。……侍臣將此諭轉告達海。達海感愴垂淚，然病已危篤，不能言矣。……

達海通曉滿漢文，曾經擔任與明朝、朝鮮的文書來往任務，他又為後金以滿文翻譯過很多種漢籍，對滿漢文化交流與滿洲文化提升作過不少貢獻。

又如天聰九年二月二十四日，滿文檔冊裡又記載了這樣的一件事：

汗至盛京（按即瀋陽）城北山一帶遊玩，道經正黃旗騎兵固山額真一等昂邦章京楞額禮大臣墓，下馬謁墓前，以金杯酌酒，奠而痛哭之。……

以上兩例是對心愛屬下的感傷與懷念之哭。

皇太極雖然也有在清明節為祭掃亡父努爾哈齊之墓而哭的事；但在國家正式祭典時他是嚴肅行禮，而從不流淚的。另外，他在生離的場合從不會哭，甚至還阻止別人「哭」別。天聰五年正月底，他女兒嫁給蒙古土謝圖的賦歸，「送別之時，格格落淚。汗遣庫爾纏巴克什勸曰：莫哭，歸寧不宜哭！若宜哭，我不哭乎？格格止淚起行」。

皇太極雖是鐵漢英雄，但他畢竟是人，凡人就理應有情感，到了傷心處必然會流淚的。如果我們再深入的看看他對愛妻宸妃的哭，似乎還可以了解他幾次不同哭的內涵。在他征討錦松一帶明兵時，聽到愛妃的病重，他立即產生了震驚的哭；後來返回宮中，得知宸妃已病逝，他在關睢宮連番痛哭，表現了他的悲傷痛苦。及至大殮之時，他必然想到他與宸妃的朝朝暮暮相處情景，於是「大加悲慟」，「哭泣不已」。後來到墓地祭奠時，他睹物思人，更加痛楚，因而「放聲大哭，哭聲聞於外」，「良久而止」了，這是悲痛之至的更深層的表現。真是「英雄氣不短，女兒情也長」，皇太極的流淚哭泣，我個人認為絲毫無損於他的功業光輝，相反地，更增添了當時與後世人對他的親敬。他是一位自然人，是一位性情中人，情感豐富是必然的。不過，我們也不能忽視皇太極是一位政治人物，他的哭也不一定是純真感情的發洩，而可能是具有政治意味與作用的。野史裡說劉備愛哭，而且用哭娶得了孫吳的貴女，佔有了荊州。諸葛亮「柴桑弔孝」一哭，感動了不少周瑜部下原先仇恨他的人，甚至扭轉了對他的壞印象，反而說：「公瑾量窄，自取死車。」劉備與諸葛亮的都是皇太極崇拜的人，《三國演義》故事又是皇太極常用來治國的專書，哭的伎倆他又有何不能仿效呢！

50 皇太極的安息地——昭陵

皇太極於崇德八年八月初九日逝世，第二天就將他的棺木奉安於崇政殿內，讓諸王貝勒、大小群臣，「朝夕哭臨三日」。當時有皇太極的忠誠屬下敦達里、安達里二人自願身殉。九月二十日，「山陵寶城宮殿告成」，皇太極的永遠安息地初期工程完竣。二十一日，皇太極的棺木便由瀋陽宮中移靈城外，敬安陵寢的殿內，舉行盛大典禮舉哀。一年後厝葬陵內地宮，算是入土為安了。這座陵寢就是日後著名的昭陵。

昭陵位於瀋陽城西北十里處，史稱「盛京昭陵」，俗稱「瀋陽北陵」。皇太極生前沒有預先建造自己的陵園，突然去世，諸王大臣一時也不知所措，後來工部受命立即找來風水專家勘察地點，最後勘輿官選擇了瀋陽城西北郊外的一處平地，無山無水，真是「前無沼，後無靠」的地方，作為皇太極的安息地。這件事實在不合皇陵講究好風水的要求，因而後來為補救而「推土積山，挖土成河」，製造了人工的前水後山地貌。皇太極下葬時，一切都還很簡陋，直到順治八年（一六五一）初期陵園形象才備具，修建了下馬木牌、石像生、陵門、圍牆、享殿，種植了大批陵松。又封墓後的人造山為「隆業山」。康熙年間，皇帝下令增建大碑樓、神功聖德碑、隆恩門、方城、角樓、寶頂、月牙城、焚帛亭、石祭臺、東西配殿等建築，使昭陵更為壯觀華麗。乾隆皇帝為尊敬他的這位開國祖先，又將下馬木牌改為石碑，碑文以滿、漢、蒙、藏、回五種文字書寫，以昭永遠。另外又增補了一些小建築，擴大了舊陵區，使陵區平面呈長方形，南北約五華里，東西約二點六華里，總面積為十二點六平方華里，形成現在的陵貌。

昭陵工程歷時百年完成，規模不小，氣勢萬千，全陵可以分為四大區：

一、陵前區：昭陵正門名「正紅門」，門內為神道，神道兩旁立一對華表，兩側立石像生。《清實錄》中記：「昭陵，立象、臥駱駝、立馬、坐獅子、坐獸、坐麒麟各一對，擎天柱四，望柱二。」其中石馬一對稱「昭陵二駿」，相傳是仿照皇太極生前喜愛的坐騎大白、小白二馬所雕製的。乾隆、嘉慶、道光諸帝都寫過詩讚頌過它們，如乾隆皇帝有《昭陵石馬歌》云：「陵圖石馬擬翁仲，古即有之識與共。昭陵石馬獨超群，大白小白奏殊勳。」陵前區入門東西兩側有圍牆，裝飾著琉璃壁，鑲著五朵琉璃雲龍，甚為美觀。

二、陵殿區：由大碑樓經隆恩門到隆恩殿，為陵殿區。碑樓內立有康熙二十七年（一六八八）十二月初五日恭豎的《大清昭陵神功聖德碑》，碑高六公尺六十七公分，寬一公尺七十六公分，碑身正面刻著滿文與漢文合璧的康熙帝御製碑文。陵殿區的主要建築為隆恩殿，即享殿，為祭祀的殿堂。兩側有配殿三間，分佈東西。

三、陵墓區：大明樓以北，為月牙城，組成陵墓區。大明樓內立漢白玉石碑，碑高六公尺，豎寫滿、蒙、漢三種文字，漢文為《太宗文皇帝之陵》。陵區四周為城垣，垣內為寶城、地宮、寶頂。地宮就是皇太極與他祔葬的孝端文皇后的埋骨之所，他們夫婦永久的安息地。

四、山陵區：昭陵的隆業山是人工堆成的土山，是明清皇陵中少見的非自然建築物。此山在順治年間費時八年才完工，工程甚為浩大。根據史料記載，隆業山高六丈一尺，山體長一百一十五丈，東西走向，九峰逶迤，勢如臥龍，確是昭陵的一大特色。

此外，在昭陵寶城以西約一百公尺的所在，有一座皇太極的妃園寢。這裡埋葬了皇太極的關雎宮宸妃海蘭珠、麟趾宮貴妃那木鍾、衍慶宮淑妃巴特瑪．璪等十一妃嬪。皇后與皇太極同葬，莊妃布木布泰葬在河北遵化清東陵昭西陵外。妃嬪不能與皇帝合葬，另設妃園墓，開創了清代陵寢區制度史上妃園寢的先例。

昭陵還有一個特別的陪葬墓區，東邊有武勛王楊古利的墓，西邊為敦達里、安達里的墓。敦達里、安達里如前所述是皇太極死後自願追隨於地下的兩位忠僕。諸王貝勒為了他們的「義」行，將他們陪葬在皇太極墓旁，讓他們永遠隨伴恩主。楊古利則是努爾哈齊時代即受重用的勇將，常立戰功，招為額駙。崇德元年（一六三六）隨皇太極征朝鮮，重傷陣亡，享年六十六。皇太極「親解御衣衣之，哭之慟，視含殮，陪葬福陵（按為努爾哈齊陵墓）」。順治時代，皇帝認為他與太宗皇太極更為親近，乃將其改陪葬於昭陵旁，與皇太極為伴。

皇太極葬地昭陵，本是無山無水的平地，經百年經營，規模大具，四周界址共兩千五百六十丈，是關外三陵中，建築最完善的清初帝王陵寢。有人認為當初工部官員如何敢選擇一處不合風水之地，作為皇太極陵寢區實在費解。三百多年前，瀋陽郊外頗有一些風景優美，符合吉祥風水之處，為何不選擇呢？不少人以為必是皇太極生前自己所指定，因為他要傍近宸妃，不顧風水了。假若此事屬真，皇太極也算得上是位多情皇帝了。我們也就姑妄聽之吧！

〈結語〉我評皇太極

皇太極死後，大清國的大臣們依據他生前的文治武功，照漢人的古制，尊謚他為「應天興國弘德彰武寬溫仁聖睿孝文皇帝」，後來在康雍乾三朝，又先後在「睿孝」之下加了「敬敏昭定隆道顯功」八個字，進一步強調他的事功地位。他的廟號是「太宗」，所以清代官書中一直稱他為「太宗文皇帝」，一般清代史書裡多稱他為「清太宗」。

皇太極是大清皇朝的開創人，是一位傑出的政治家與軍事家。他在中國歷史上的成就之高，作用之大，地位之重要，絕不比秦皇、漢武或其他唐宋名君遜色。現在略舉數點如下，以為說明：

一、在政治上，他當上後金國汗之後，為了適應時代變化的形勢，特別是對明朝抗爭的需要，逐步加強大汗的權力，加強國家領導人的政治獨裁，因而先後將與他共理國政、併肩而坐的阿敏、莽古爾泰、代善三大貝勒打倒，使自己「南面獨坐」，集權一身。除了削弱三位兄長的貴族權勢與地位之外，他又設置八旗的八大臣與兩班的十六大臣處理八旗事務，如此一來，由女真人傳統形成的八旗旗主制度，變成了官僚制度，把原來八家自主的勢力，納入了正規的政治體制之內，這當然有助於發展皇太極的君主集權制度。

皇太極在伸張皇權，打壓旗權的同時，又建立仿效明朝的六部政體，進一步的打破八旗八家專有制，利用滿蒙漢三大民族中優秀分子，參預政權，一則讓各族人分享勝利成果，再則也是收拾更多人心，為他効力。後來又增設都察院、內三院、理藩院等等衙門，也是為了適應新形勢的發展與統治新地區的要求而做的。這些在政體上所作的改革，不但有助於大清朝的建立，甚至有助於日後入關統治全中國。皇太極在政治上的遠見，由此可見一斑，而他對子孫後來入主中國所作的準備工作，貢獻更是既大又多。

皇太極繼承汗位之後，在國家政策上作了不少調整，特別是對漢人漢官的政策，作了糾正與補救。他發現他父親努爾哈齊晚年對漢人問題處理過嚴，動輒殺戮。他立即降諭給逃亡的以及所謂「私通明國」的漢人赦免，不再濫殺無辜，以安定歸降與被俘的眾多漢人的心，同時又改善漢人的地位，對「差傜公務」的承擔以及民刑罪案的審理，做到「滿漢一體」，不得差別待遇，後來又實行將漢人「編戶為民」，由漢官治理，因而眾多原屬奴隸的漢人，立即變為自由農民的身分。這雖是政治上的一大改革，但也是當時經濟上的大改革，因為漢人從此積極的從事生產工作，對後金社會生產力是一次極大的提高，有助於增進國力，有助於國家的前進發展。

二、在軍事上，後金汗國從「七大恨」告天以來，在遼東地區可謂戰無不取，攻無不克，直到寧遠一役努爾哈齊敗歸之後，才發現滿兵上萬，未必天下無敵。皇太極即位後，也在寧遠等堅城進攻失利，立即覺悟到軍事政策非作改變不可。除以和談爭取時機外，在戰略上從此不輕言攻打堅固城池，不讓屬下八旗兵丁作火炮的炮灰，知道自己軍隊只憑刀矛弓箭，難敵西洋火炮。所謂「野地浪戰，南朝萬萬不能。嬰城固守，我國每每弗下」，因此他在戰略上作了調整。像似在繞道內蒙入關的戰役中，「去京師而不攻，環涿州而不攻，皆畏銃也」。在大凌河城以及松山、錦州諸役，也採取圍城戰略，讓守城明軍，糧盡援絕，最後不得不投降。這是皇太極務實、不逞強的表現，也是後期作戰勝利的主因。他幾次越蒙古境、破邊牆入關，都是大肆飽掠一陣而歸，他知道不能久留中原，得到現實利益即可了。又如很多滿漢大臣勸他一鼓作氣的攻打北京，他絕不聽從，因為他知道自己的實力，不能窮兵黷武，這是他的務實表現。

火炮不如明朝是實情，皇太極便下令總兵官佟養性督造，重用王天相等技術人員，終於造成了「天佑助威大將軍」紅衣炮，使得後金進入冷熱兵器併用時期，對後金軍力的壯大具有重大意義。

後金有了製造火炮的能力之後，又將長於火器的漢人組建成炮兵隊伍，從此「凡遇行軍，必攜紅衣大將軍炮」投入戰役。後來又在這個基礎上，擴大建立了八旗漢軍。滿洲文稱這些隊伍為「烏真超哈」（ujen cooha）（「重（ujen）兵（cooha）」之意），即以火炮等重兵器為基本裝備，以炮兵為中心，輔以步騎為護衛，具有制遠摧堅的強大威力，既能支援和掩護步騎協同作戰，又能獨立施行火力任務。正因為新兵種的成立與新武器的研發成功，八旗兵靠楯車雲梯、弓箭刀矛冷兵器強攻的人海戰術時代過去了，戰略戰術也改變了，這也是皇太極在軍事上的大成就。

皇太極還有一點也是他在軍事上表現得極為成功的，那就是他對漢人軍官的禮遇與敬重。像孔有德、耿仲明、尚可喜等三順王的來歸，他破格的與他們行抱見禮，頒降專意保護他們及其部眾的諭旨，賞賜他們蟒袍、貂裘等物品，封他們為都元帥、總兵官不同等級的大官。孔、耿、尚率眾投降，不但在政治上起了巨大的影響，引導明兵的紛紛來歸；在軍事上也是催化八旗漢軍成立的要素。皇太極對明軍將領的招徠，確實有一些妙術。天聰五年（一六三一），大凌河城失陷，明軍守將祖大壽投降，皇太極允許他去招妻子兄弟宗族來降，讓他去錦州。可是祖大壽獲得自由之後，「背棄洪恩」，又回到明軍中服役，從事反清反滿戰爭。十年之後，即崇德六年（一六四一），清兵圍困錦州，祖大壽又因「糧盡困迫，方出歸順」，再度投降清朝。皇太極不但沒有處死他，還對他說：「往事已不可追，此後當竭盡爾力以事朕，則善矣！」遇到這樣的皇帝，祖大壽、「祖家軍」又怎能不為他忠誠的服務呢？其他例子還有很多，不能一一贅舉了。

三、在經濟上，努爾哈齊與皇太極父子創建大業的時候，他們早期活動的地區主要的是在遼河東西一帶，而這個地區經過明金多年的戰爭，殺戮，加上自然的災害，土地荒蕪了，生產凋敝了，人民的生活與生產遭到極大的破壞，尤其農業生產，倒退了很多，這與努爾哈齊迫害漢人的政策也頗有關係。皇太極後來實行「編戶齊民」政策，解放了部分漢人農奴，使之成為獨立的民戶，這對農業生產有著積極推動的作用。皇太極又認為富民之道首在農桑，要做到人人富裕，不愁衣食，就必須經營好土地，多生產糧食，正如他說的：「五穀乃萬民之命所關。」「厚生之道，全在勤治農桑耳。」又說：「總以農務為急，農務克勤，則庶民衣食豐足。」然而，後金以及後來的清朝，所生產的糧食、棉花、食鹽，還有其他的生活必需品，雖然有相當的數量，但對清朝全國總消費量而言，其生產能力還是不足的。

本來女真人的傳統社會生產結構就不是一元的，社會經濟也是不發達的。他們經常以掠奪的手段，來增加財富。到皇太極時代，這種風氣還在流行，加上明朝對他們的經濟制裁，斷絕互市，所以八旗大軍一再繞道蒙古入關，一則擾亂明朝地方秩序，給明朝軍事上威脅；再則就是為了以戰爭手段從明朝華北地區取得大量的金銀財寶、緞匹成衣、人口牲畜，以增加社會財富與國家經濟實力。以崇德元年（一六三六）為例，岳託等率大軍入關，越過北京，闖進河北、山東，「旌旗所指，無不如意」。此次約半年的戰爭，共俘獲人畜計四十六萬二千三百多口，黃金四千零三十九兩，白銀九十七萬七千四百六十兩。這筆巨額的財富，大部份收進了國庫，一部份歸出征將領所有，也有少數賞給士兵的，由此可知：戰爭掠財確比生產所得容易而又多得多。又如崇德四年，八旗大軍由多爾袞、豪格等率領深入中原，後來他們班師回朝，把戰利品「具陳列於大政殿，按旗具冊獻聖汗（皇太極）」，各路軍掠得的財寶有山東明藩王的金印兩顆，重五百零九兩、銀印兩顆，重三百零三兩，銀冊七冊，重二百三十一兩，金一千二百五十六兩、銀六十四萬兩，各種綢緞一萬二千七百二十二匹，各色緞服四千九百二十件。皇太極納取了其中的一小部份金銀、馬匹、緞服、珠寶，其餘的「俱令存庫」。另外，此次出征的幾位主帥所獻出搶得財物，多爾袞獻出的除珠寶外，有金三百三十八兩、銀二千三百兩、各色緞匹三千四百一十九匹。豪格獻出比多爾袞的數字略多。阿巴泰、杜度等所獻的則略少。至於八旗下級軍官個人的所掠獲物品，還不在內，也無法統計。這些不是清朝所生產的，很多也是他們無法生產的物品，經過這次戰役，全為清朝君臣們所有了，不少人都成了戰爭的暴發戶。這是皇太極運用的新牟利方法，不打山海關，而繞道蒙古入關的戰略，為後金與清朝取得了巨大財富，加強了國家的實力。

皇太極雖提倡農業，但生產能力還是非常有限。他也下令打破貴族壟斷採參、射貂等獲利的特權，但這些收入都不能與戰爭掠奪可比。對於從戰爭中掠奪來的專門工匠或其他生產專家，確有些被指派從事社會基本物質生產的，不過，他們不受特別重視，雖具有技術條件，終究發展得不理想。只有煉鐵、造炮這類的軍用工業，因戰爭需要，才會很快的發展起來。總之，在皇太極執政期間，滿族統治區的農業與各種工業，都比以前進步，而由戰爭掠奪的財富比以前更為豐多美備了。

四、在文化上，滿族本身原有自己的民族文化，不過在皇太極當大汗期間，無論是精神或是物質層次上都起了不少變化。大到國家的官制、爵位、禮儀，小到住屋、飲食、時令習俗都有了華化或漢化的迹象。尤其是舉行考試、興辦學校、翻譯漢書等事，更說明了皇太極已經開始把政治組織與大清發展納入了中國傳統文化系統之中。同時他又在中國漢文化的影響下，革除了不少滿洲舊有的陋習，像婚姻的不論輩份，亂婚雜婚以及殉葬死者的殘忍舊規等等。他又提倡宗教信仰自由化，薩滿教、喇嘛教、佛教、道教，人人都可信奉，只是不能過度浪費，過度迷信。他沒有實行文化「滿族化」的錯誤政策，相反地，他利用各族文化來統治各族人民，例如利用藏傳佛教喇嘛教控制蒙藏世界，利用傳統儒家文化治理漢族人民，這些政策不能說不是進步的。

從表面上看皇太極對漢人文化似乎是情有獨鍾，但事實上，就像對喇嘛教的信奉一樣，他是理性的，不是全盤接受的。儘管很多漢人大臣請他改衣冠，定等級，他就是不從，而且他堅信滿洲語文、騎馬射箭與祖先服飾是「立國之經」，是國家根本，並訓諭諸王貝勒一定要「後世子孫遵守，勿變棄祖宗之制」。另外，在一些重點而敏感的問題上，皇太極對漢文化就不見得尊重了。例如天聰元年（一六二七）有位生員岳起鸞上奏疏，建議不要去攻打朝鮮，並認為應與明朝議和，將俘獲的漢人盡速放還明朝，結果岳起鸞被處死，因為俘獲來的人是「天之所與，豈可復還敵國耶？」放還俘人是與滿洲傳統文化不合的。又如崇德三年（一六三八）禮部承政官祝世昌條奏「俘獲敵人（主要指漢人）之妻不可令其為娼妓」，這份奏章是經另一官員啟心郎孫應時潤飾刪正的，結果也觸怒了皇太極，下令加以嚴駁，大臣們迎逢的說祝世昌「身在本朝，其心猶在明國，護庇漢人，與奸細無異」，最後祝世昌被充軍到黑龍江，孫應時則被處死。皇太極在兩件案例上不講中國漢文化的仁義道德，因為岳案是違反了由俘獲人口而取得經濟利益的傳統，祝案則可能影響滿漢兩族人民不和而激發社會不安。由此也可以看出皇太極的「漢化」或「華化」，非常務實，有利的可以仿行，無利的不必學習，更毋需採用。

總而言之，皇太極少年時的憑藉不多，很不容易的當上了大汗。他執政期間，重視人才，體恤民情，接受直諫，辦事務實，因而能在享國的十七年中，完備了國家的政治制度，強化了軍事實力，發展了社會經濟，緩和了民族衝突。尤其他有「君臨天下」的壯志，認為「匹夫有大德，可為天子」，真是難能可貴。當然他不是「完人」，更不是「神人」，他的行事與思想，的確也有一些是值得非議的。不過瑕不掩瑜，他的功勞絕對大於過失，尤其他具有的若干崇高思想與優秀品德，確是一般帝王無法能比的。